AI와 스토리텔링

인공지능총서

인공지능 시대입니다. 기계가 인간의 인지를 대신하고, 사물이 인간을 통하지 않고 다른 사물과 직접 커뮤니케이션합니다. 이에 따른 인간 삶과 문명 변화를 정확히 이해·예측·대응하는 것은 이 시대 우리 모두의 과제입니다. 인공지능총서는 인공지능 기술과 환경의 여러 주제를 10가지 키워드로 정리합니다. 관련 개념과 이론, 학계와 산업계의 쟁점, 우리 일상의 변화를 다룹니다. 인간과 기술의 현재, 미래를 세심히 분석합니다.

일러두기

- 인명, 작품명, 저서명, 개념어 등은 한글과 함께 괄호 안에 해당 국가의 원어를 병기했습니다.
- 외래어 표기는 현행 어문규정의 외래어표기법을 따랐습니다.

처음이세요?

전문가세요?

AI와 스토리텔링

이한진

대한민국, 서울, 커뮤니케이션북스, 2024

AI와 스토리텔링

지은이 이한진
펴낸이 박영률

초판 1쇄 펴낸날 2024년 11월 6일

커뮤니케이션북스(주)
출판 등록 2007년 8월 17일 제313-2007-000166호
02880 서울시 성북구 성북로 5-11
전화(02) 7474 001, 팩스(02) 736 5047
commbooks@commbooks.com
www.commbooks.com

ISBN 979-11-7307-092-1 03500

책값은 뒤표지에 표시되어 있습니다.

차례

AI 스토리텔링의 새로운 지평

인공지능(AI)이 가져온 새로운 글쓰기 방식

인공지능(AI) 기술의 급속한 발전은 창작의 영역에 혁명적인 변화를 가져오고 있다. GPT와 같은 대규모 언어 모델은 인간 수준의 문장을 생성할 수 있게 되었고, DALL-E와 같은 이미지 생성형 AI는 글 설명만으로 복잡한 시각적 콘텐츠를 만들어 낸다(Fang et al., 2023). 이러한 기술 발전은 창작의 과정과 결과물에 근본적인 변화를 초래하고 있다.

AI는 방대한 데이터를 분석해 새로운 패턴과 연결고리를 발견함으로써, 인간 작가가 미처 생각하지 못한 독창적인 소재와 구조를 제시할 수 있다. 예를 들어 AI는 역사적 사건들 사이의 숨겨진 연관성을 찾아내 새로운 역사 소설의 소재를 제안하거나, 과학적 데이터를 바탕으로 미래 사회의 모습을 그려 낼 수 있다. 이는 창작의 경계를 확장하고, 장르 간 융합이나 새로운 서사 형식의 탄생을 촉진한다(Riedl & Young, 2010).

더불어 AI는 개인화된 스토리텔링을 가능하게 한다.

독자의 취향, 읽기 습관, 심지어 현재 감정 상태까지 고려해 맞춤형 이야기를 실시간으로 생성할 수 있다. 이는 독자 경험을 혁신적으로 변화시킬 잠재력을 가지고 있다.

작가와 독자의 역할 변화

AI 시대의 작가는 더 이상 단순한 콘텐츠 생산자가 아니다. 작가의 역할은 AI와의 협업을 통해 창의적 감독자 또는 큐레이터로 진화하고 있다. 작가는 AI가 생성한 다양한 옵션 중 최적의 것을 선별하고, 인간만의 통찰력과 감성을 더해 작품을 완성하는 중요한 역할을 담당하게 된다(Riedl & Young, 2010).

일례로 소설가는 AI에게 기본적인 플롯 구조나 캐릭터 설정을 요청한 후, 이를 바탕으로 자신만의 독특한 문체와 감성을 덧입혀 작품을 완성할 수 있다. 또는 AI가 제안한 여러 가지 다른 결말 중 가장 적합한 것을 선택하거나, AI가 생성한 대화문을 편집해 캐릭터의 개성을 살릴 수 있다.

독자 또한 수동적 소비자에서 능동적 참여자로 변모하고 있다. 대화형 AI 스토리텔링 시스템의 발전으로 독자는 이야기의 전개에 직접 관여할 수 있게 되었다. 이는 새로운 형태의 인터랙티브 문학을 탄생시키고 있으며, 독자의 경험을 더욱 풍부하고 개인화된 것으로 만들고 있다(Swanson & Gordon, 2012).

AI 기반의 인터랙티브 소설에서 독자는 주요 결정 지점에서 선택을 할 수 있고, 이에 따라 이야기가 다양한 방향으로 전개될 수 있다. 또한 독자의 반응이나 선호도에 따라 AI가 실시간으로 이야기를 조정하는 것도 가능해졌다. 이는 각 독자에게 특별한 읽기 경험을 제공할 수 있다.

알고리즘이 만드는 새로운 리터러시

디지털 시대의 리터러시는 전통적인 읽기와 쓰기 능력을 넘어 확장되고 있다. 새로운 리터러시는 알고리즘적 사고와 데이터 해석 능력을 중심으로 재편되고 있다(Jurafsky & Martin, 2023).

이제는 텍스트를 이해하는 것뿐만 아니라 AI가 생성한 콘텐츠의 특성을 파악하고 그 한계와 가능성을 인식하는 능력이 중요해졌다. 예를 들어, AI가 생성한 뉴스 기사를 읽을 때 독자는 그 기사가 어떤 데이터를 기반으로 작성되었는지, 어떤 알고리즘이 사용되었는지를 이해하고 비판적으로 평가할 수 있어야 한다.

또한 AI와 효과적으로 상호작용하기 위해 정확한 프롬프트를 작성하고, AI의 출력을 비판적으로 평가하는 능력도 새로운 리터러시의 핵심 요소가 되고 있다. 이제는 작가나 학생들은 AI 글쓰기 도구를 효과적으로 활용하기 위해 명확하고 구체적인 지시를 제공하는 방법을 배워야 한다.

더불어 AI가 생성한 텍스트와 인간이 작성한 텍스트를 구별하는 능력, AI 생성 콘텐츠의 윤리적 함의를 이해하는 능력 등도 중요해지고 있다. 이는 디지털 시민으로서 갖춰야 할 핵심적인 역량이 되고 있다.

AI 스토리텔링의 윤리적 고려 사항

AI 스토리텔링의 발전은 다양한 윤리적 질문들을 제기한다. AI가 생성한 콘텐츠의 저작권은 누구에게 있는가? AI가 편향된 데이터로 학습되어 특정 집단에 대한 고정관념을 강화하는 이야기를 만들어 낸다면 어떻게 해야 하는가? AI '딥페이크'로 인한 사회적 혼란을 어떻게 방지할 수 있을까?

이러한 문제들은 기술적 해결책과 더불어 사회적, 법적 규제 방안을 필요로 한다. AI 스토리텔링 시스템의 개발자, 사용자, 그리고 정책 입안자 들은 이러한 윤리적 고려 사항들을 신중히 검토하고 대응 방안을 마련해야 할 것이다.

AI 스토리텔링의 미래 전망

AI 스토리텔링 기술은 앞으로 더욱 발전할 것으로 예상된다. 멀티모달 AI의 발전으로 텍스트, 이미지, 음성, 동영상을 통합한 복합적인 스토리텔링이 가능해질 것이다. 또한 AI의 감정 인식 및 표현 능력이 향상되면서, 더욱 공감적이고 감동적인 이야기 창작도 가능해질 것이다.

한편, AI와 인간 작가의 협업 모델도 더욱 정교화될 것으로 보인다. AI는 아이디어 제안, 초고 작성, 편집 보조 등 창작 과정 전반에 걸쳐 인간 작가를 지원하는 강력한 도구로 자리 잡을 것이다.

그러나 이러한 발전이 인간의 창의성을 대체하기보다는 확장하고 증폭시키는 방향으로 나아가야 할 것이다. AI는 결국 인간이 만든 도구이며, 그 활용과 방향을 결정하는 것은 인간의 몫이다.

AI 스토리텔링 시대는 이미 시작되었다. 이 새로운 패러다임은 창작과 소비의 방식을 근본적으로 변화시키고 있으며, 우리에게 창의성과 기술의 경계에 대한 재고를 요구하고 있다. 앞으로의 장에서는 이러한 변화의 구체적인 양상과 그 영향에 대해 더 깊이 탐구해 볼 것이다.

AI 스토리텔링 융합의 이해와 기초

이에 본 총서에서는 먼저 AI와 스토리텔링의 융합을 주제로 다섯 개의 장을 살펴보려고 한다. 1장에서는 20세기 AI 기술의 발전 과정을 심층적으로 분석하고, 이러한 기술이 창작 영역으로 어떻게 확장되었는지를 살펴본다. 특히 인간 스토리텔링과 AI 스토리텔링의 비교를 위해 브루투스(BRUTUS) 시스템 사례를 활용하여, 데이터와 알고리즘이 만들어 내는 새로운 내러티브와 리터러시에 대한 통찰을 제공한다. 또한 계산적 창의성의 철학적 및 기술적 기반을 탐구해 AI 스토리텔링의 가능성을 제시한다.

2장에서는 AI 시대의 이야기 구성 요소를 재정의한다. AI가 그리는 캐릭터와 세계관의 계산적 접근법을 소개하며, 감정과 주제의 디지털화에 대한 AI의 해석과 표현을 논의한다. 아울러 인물, 배경, 내용의 기본 공식을 재고하는 과정을 통해 AI가 어떻게 이야기의 구조를 변화시키는지를 탐구한다.

한편 3장에서는 자연어 처리(NLP)의 진화와 AI의 사고 과정 및 이야기 생성 메커니즘을 분석하고자 한다. AI

와 감정의 관계를 탐구하여, AI가 감정을 어떻게 이해하고 표현하는지를 논의하며 그 가능성과 한계를 조명한다. 이는 새로운 철학적, 기술적 담론을 제시해 독자 여러분과 함께 생각해 볼 부분을 발전시켜 나갈 수 있을 것이다.

4장에서는 데이터 주도의 스토리 전개와 다양한 계산적 접근법을 살펴본다. 기존 엔지니어들이 고민해 왔던 방법을 다학제적 관점에서 어떻게 이어 나가는지, 그 흥미로운 여정을 지켜볼 수 있다. 즉, 규칙 기반과 확률적 모델의 창의적 결합을 통해 AI가 생성하는 이야기의 독특한 매력을 분석하고, 친숙함과 새로움의 균형을 이루는 방식을 논의한다.

또한 5장에서는 AI가 만드는 세계관과 배경에 대해 논의한다. 문화적 및 사회적 맥락의 학습과 적용을 통해 AI가 어떻게 복잡한 세계를 구축하는지를 살펴본다. 아울러 가상세계 구축 기술과 AI의 상상력, 그리고 현실과 가상의 경계를 넘나드는 착시 효과를 탐구해 디지털 시대의 새로운 서사적 가능성을 제시한다. 이로써 AI와 스토리텔링의 융합이 가져오는 변화를 종합적으로 이해할 수 있는 기회를 제공한다.

AI 스토리텔링 융합의 발전과 응용

다음으로 6장에서는 AI 기반 이야기 전개 모델링에 대해 다룬다. 이 장에서는 AI가 만들어 내는 다양한 플롯 패턴과 아이디어를 탐구하고, 플롯과 캐릭터의 균형을 위한 '사건 연결' 알고리즘을 소개한다. 균형과 불협화음에 대한 AI의 실험적 접근을 논의하여, AI가 어떻게 새로운 이야기 구조를 창출하는지를 살펴본다.

7장은 AI와 캐릭터의 감정 및 관계 설정을 살펴본다. 다차원적 감정 모델과 감정 사전 구축의 필요성을 설명하고, 캐릭터 간 관계 그래프 분석과 시뮬레이션을 통해 AI가 감정을 이해하고 표현하는 방식을 논의한다. 이어서 AI 기반 캐릭터 상호작용의 동적 구현을 통해 캐릭터의 생동감을 높이는 방법을 제시한다.

나아가 8장에서는 AI 창작 지원 및 편집 도구에 대해 다룬다. AI 기반 아이디어 생성과 시나리오 편집의 과정에서 계산적 창의성이 어떻게 응용되는지를 살펴본다. 실시간 협업과 피드백 시스템의 중요성을 강조하며, '천일야화'를 넘어서는 AI의 무한한 이야기 생성 능력을 탐구한다.

9장은 새로운 AI 시대 리터러시 향상을 위한 사용자 참여형 AI 스토리텔링을 다룬다. 챗봇 기반의 대화형 내러티브에서 최신 NLP 기술이 어떻게 활용되는지를 설명하고, 게임화된 이벤트형 스토리텔링을 통해 사용자 참여를 유도하는 방안을 제시한다. 또한 AR/VR과 AI의 결합을 통해 몰입형 스토리 경험을 창출하는 방법을 탐구한다.

마지막 10장에서는 AI 스토리텔링의 미래와 도전 과제를 논의한다. AI 시대의 창작자 역할과 저작권 문제를 살펴보고, 윤리적 고려 사항과 사회적 영향을 분석한다. AI와 인간 작가의 공생을 통해 창의성과 독창성의 재정의를 모색하며, 'AI 시대의 진짜 작가'가 누구인지에 대한 새로운 패러다임을 제시한다. 이를 통해 AI와 스토리텔링의 융합이 가져올 변화와 가능성을 종합적으로 이해할 수 있는 기회를 제공한다.

참고문헌

Fang, X., et al.(2023). A systematic review of artificial intelligence technologies used for story writing. *Education and Information Technologies*, 1-37.

Jurafsky, D., & Martin, J. H.(2023). *Speech and language processing (3rd ed.)*. Prentice Hall.

Riedl, M. O., & Young, R. M.(2010). Narrative planning: Balancing plot and character. *Journal of Artificial Intelligence Research*, 39, 217-268.

Swanson, R., & Gordon, A. S.(2012). Say anything: Using textual case-based reasoning to enable open-domain interactive storytelling. *ACM Transactions on Interactive Intelligent Systems (TiiS)*, 2(3), 1-35.

01
인공지능과 이야기

20세기부터 본격적으로 진행되어 온 주요한 인공지능 기술의 발달에 대해 짚어 본다. 그 맥락 위에서 이야기와 스토리텔링의 개념, 그리고 AI의 이야기 창작 가능성에 대해 다룬다. 아울러 알고리즘이 만드는 새로운 내러티브와 리터러시, 계산적 창의성, 그리고 AI 스토리텔링의 철학적, 기술적 기반에 대해서도 다뤄 본다.

AI와 1인 창업?

20세기의 주요 AI 기술의 발달

20세기 인공지능(AI) 기술의 발달은 컴퓨터 과학과 인지과학 분야의 혁신적인 발전을 통해 이루어졌다. 1950년대 초반 앨런 튜링(Alan Turing)이 제시한 튜링 테스트는 기계가 인간과 구별할 수 없을 정도의 지능을 가질 수 있다는 개념을 제시했다. 이후 1956년 다트머스 회의에서 인공지능이라는 용어가 처음 사용되면서 본격적인 연구가 시작되었다(조민호, 2021).

사실 AI 기술은 오랜 기간 동안 발전해 왔다. 초기에는 철학자와 공상과학 작가의 상상력에서 시작되었다고 볼 수 있다. 다양한 문학 작품과 복합 영상 창작물에서 아이디어가 제시되었다. 1950년대 이후 본격적인 학문으로 발전했는데, 앨런 튜링이 튜링 테스트를 제안(Turing, 1950)한 후 1956년에는 인공지능 연구의 출발점이 된 다트머스 학회가 개최되었다. 이후 1960년대에는 미 국방부의 지원을 받아 AI 연구가 발전했으며, 다양한 프로그래밍 언어와 지식 기반 시스템이 개발되었다고 알려져 있다(Muthukrishnan et al., 2020).

1960년대에는 논리 기반의 추론 시스템과 지식 표현 기술이 발전했다. 대표적으로 GPS(General Problem Solver)와 같은 문제 해결 시스템, 전문가 시스템 등이 등장했다. 1970년대에는 기계학습(Machine Learning) 기술이 발전하면서 신경망 이론(Neural Network Theory)이 제안되었다. 이를 통해 패턴 인식, 음성 인식, 컴퓨터 비전 등의 분야에서 큰 진전이 있었다(김정환 외, 2024).

그러나 초기 인공지능 연구에는 한계가 있었다. 과학자들은 인공지능의 장밋빛 미래를 기대했지만, 실제로는 기술적 한계로 인해 1974년부터 첫 번째 인공지능 암흑기가 시작되었다. 이 시기에는 인공지능 시스템이 단순한 문제만 해결할 수 있었고, 복잡한 문제를 해결하는 데 어려움을 겪었다.

1980년대에는 전문가 시스템과 지식 표현 기술이 발전했고, 퍼지 이론, 유전 알고리즘 등 새로운 접근 방식이 등장했다. 이를 통해 인공지능 시스템은 보다 실용적이고 현실적인 목표를 해결할 수 있게 되었다. 1990년대에는 데이터 마이닝(Data Mining), 자연어 처리(Natural Language Process), 지식 표현 등의 기술이 발전했고, 특히 인터넷의 확산과 함께 정보 검색, 추천 시스템 등이 발전했다(조민호, 2021).

2000년대 이후에는 본격적으로 대규모 정보를 수집하고 처리할 수 있는 빅데이터(Big Data)와 클라우드 컴퓨팅(Cloud Computing) 분야의 기술 발전이 이루어졌다. 그리고 GPU 등 하드웨어 성능 향상으로 심층 신경망 기반의 딥러닝(Deep Learning) 기술이 크게 발전했다. 이를 통해 이미지 인식, 자연어 처리, 음성 인식 등 다양한 분야에서 괄목할 만한 성과를 거두었다고 평가받는다(김정환 외, 2024). 최근에는 더 발전한 강화학습(Reinforcement Learning), 생성 모델(Generative Model), 전이 학습(Transfer Learning) 등 새로운 기계학습 기술이 등장했다. 이에 자율 주행, 로봇 제어, 게임 AI 등 다양한 응용 분야에서 활용되고 있어 산업적, 정책적 전망이 밝다. 그와 함께 윤리적 이슈, 안전 문제, 데이터와 알고리즘의 편향성 등 AI 기술의 사회적 영향에 대한 관심도 높아지고 있다(Muthukrishnan et al., 2020).

AI 기술의 발전과 창작 영역으로의 확장

20세기 후반부터 시작된 인공지능 기술의 비약적 발전은 21세기에 들어 창작 영역으로 그 영향력을 확대하고 있다. 1950년대 앨런 튜링의 '기계는 생각할 수 있는가?'라는 질문으로 시작된 AI 연구는 이제 '기계는 창작할 수 있는가?'라는 새로운 질문에 직면해 있다(Turing, 1950).

초기의 AI 시스템들은 주로 체스와 같은 규칙 기반 게임이나 수학적 문제 해결에 초점을 맞추었다. 1997년

IBM의 딥블루가 세계 체스 챔피언 가리 카스파로프를 이겼을 때, 많은 이들은 AI가 인간의 지적 영역을 침범하기 시작했다고 여겼다. 그러나 이는 시작에 불과했다.

1990년대부터 자연어 처리 기술의 발전과 함께 AI의 언어 능력이 급속도로 향상되기 시작했다. 2010년대에 들어서면서 딥러닝 기술의 혁명적 발전으로 AI는 이제 복잡한 패턴을 인식하고 생성할 수 있는 수준에 이르렀다(LeCun et al., 2015). 특히 2017년 구글의 '트랜스포머(Transformer)' 아키텍처의 등장은 자연어 처리 분야에 큰 혁신을 가져왔고, 이를 기반으로 한 GPT(Generative Pre-trained Transformer) 모델들이 놀라운 텍스트 생성 능력을 보여 주기 시작했다.

이러한 기술적 진보는 AI가 창작 영역에 진출할 수 있는 기반을 마련했다. 2016년 구글의 마젠타 프로젝트를 통해 AI가 작곡한 음악이 발표되었고, 2018년에는 AI가 그린 그림이 크리스티 경매에서 높은 가격에 낙찰되는 등 AI의 창작 능력이 주목받기 시작했다(조민호, 2021; Muthukrishnan et al., 2020).

특히 문학 창작 분야에서 AI의 발전은 눈부시다. 2019년 발표된 GPT-2는 인간이 작성한 것과 구별하기 어려운 수준의 텍스트를 생성할 수 있었고, 2020년의 GPT-3

는 더욱 향상된 성능으로 시, 소설, 에세이 등 다양한 형태의 문학 작품을 창작할 수 있게 되었다.

알고리즘이 만드는 새로운 내러티브

AI 스토리텔링은 데이터와 알고리즘을 기반으로 새로운 형태의 내러티브를 만들어 내고 있다. 전통적인 선형적 서사 구조를 넘어, AI는 다중 분기형 스토리나 사용자 맞춤형 이야기를 생성할 수 있다. 이는 독자의 참여와 상호작용을 극대화하는 새로운 형태의 스토리텔링을 가능케 한다(Riedl & Bulitko, 2013).

예를 들어 AI 기반 인터랙티브 소설에서는 독자의 선택에 따라 이야기가 다양한 방향으로 전개될 수 있다. 더 나아가 AI는 독자의 과거 선택이나 선호도를 학습해 더욱 개인화된 스토리를 제공할 수 있다. 이는 각 독자에게 유니크한 읽기 경험을 선사한다.

또한 AI는 빅데이터 분석을 통해 현재 트렌드나 사회적 이슈를 실시간으로 반영한 스토리를 생성할 수 있다. 이는 뉴스 기사나 시사 소설 등의 창작에 혁신적인 변화를 가져올 수 있다. AI가 수집한 데이터를 바탕으로, 인간 작가는 더욱 시의적절하고 깊이 있는 콘텐츠를 만들어 낼 수 있게 된다.

이러한 변화는 새로운 형태의 리터러시를 요구한다. 독자들은 이제 단순히 텍스트를 읽고 이해하는 것을 넘어 AI가 생성한 콘텐츠의 특성을 이해하고 비판적으로 평가할 수 있어야 한다. 예를 들어, AI가 생성한 뉴스 기사를 읽을 때 독자는 그 기사가 어떤 데이터를 기반으로 작성되었는지, 어떤 알고리즘이 사용되었는지를 이해하고 있어야 한다(Riedl & Bulitko, 2013).

또한 AI와의 상호작용을 통해 원하는 내용을 효과적으로 이끌어 내는 능력도 중요해지고 있다. 예를 들어, AI 글쓰기 도구를 사용할 때 사용자는 정확한 프롬프트(명령어 모음)를 제공하고 AI의 출력을 적절히 편집할 수 있어야 한다. 이는 AI를 창의적 파트너로 활용하는 새로운 형태의 창작 능력이라고 볼 수 있을 것이다.

계산적 창의성: AI 스토리텔링의 기반

AI 스토리텔링의 근간에는 흥미롭게도 '계산적 창의성'이라는 개념이 자리 잡고 있다. 이는 창의성을 알고리즘적 과정으로 이해하고 구현하려는 시도다. 즉, 기존 요소들의 새로운 조합, 패턴 인식과 생성, 규칙의 변형과 적용 등을 통해 '새롭고 가치 있는' 것을 만들어 내는 과정을 의미한다(Colton & Wiggins, 2012).

이 개념은 다음과 같은 핵심 요소로 구성된다.

1. 도메인 지식: AI 시스템은 특정 분야(예: 문학)에 대한 광범위한 지식을 습득해야 한다.
2. 패턴 인식: 습득한 지식에서 패턴을 발견하고 분석하는 능력이 필요하다.
3. 조합과 변형: 기존 요소들을 새롭게 조합하거나 변형해 독창적인 결과물을 만들어 낸다.
4. 평가: 생성된 결과물의 가치와 적절성을 판단할 수 있어야 한다.

철학적 관점에서 이는 인간의 창의성에 대한 근본적인 질문을 제기한다. 창의성이 알고리즘으로 구현될 수 있다면 인간만의 고유한 능력이라고 여겨졌던 창의성의 본질은 무엇인가? 이는 인간과 기계의 경계, 그리고 예술의 정의에 대한 새로운 논의를 불러일으킨다(Colton & Wiggins, 2012). 예를 들어 AI가 생성한 그림이 미술대회에서 수상했을 때 이를 진정한 '예술'로 볼 수 있는가? AI의 창작물에 대한 저작권은 누구에게 있는가? 이러한 질문들은 법적, 윤리적 측면에서도 중요한 함의를 갖는다.

한편 기술적 측면에서 창의성은 머신러닝, 자연어 처리, 컴퓨터 비전 등 다양한 AI 기술의 결합을 통해 구현되고 있다. 특히 최근의 생성적 적대 신경망(GAN)이나 트랜스포머 모델과 같은 첨단 기술은 AI의 창의적 능력을 한 단계 높이는 데 기여하고 있다(조민호, 2021). 일례로, GAN은 두 개의 신경망(생성자와 판별자)이 서로 경쟁하면서 학습하는 방식으로, 사실적인 이미지나 텍스트를 생성할 수 있다. 이는 AI가 기존 데이터를 모방하는 것을 넘어 새로운 것을 '창조'할 수 있는 능력을 갖게 되었음을 의미한다.

트랜스포머 모델은 대규모 언어 모델의 기반이 되는 기술로, 문맥을 이해하고 긴 문장을 생성하는 데 탁월한 성능을 보인다. 이를 통해 AI는 복잡한 서사 구조를 가진 장편 소설이나 시나리오를 작성할 수 있게 되었다. 이러한 기술들은 AI 스토리텔링의 가능성을 크게 확장시키고 있다. AI는 이제 단순히 정해진 템플릿을 따라 이야기를 만드는 것이 아니라, 새로운 캐릭터를 창조하고, 독특한 세계관을 구축하며, 예측 불가능한 플롯 트위스트를 만들어 낼 수 있게 되었다.

그러나 이러한 발전에도 불구하고, AI 스토리텔링은 여전히 많은 도전 과제에 직면해 있다. 예를 들어, AI가 생성한 이야기가 윤리적으로 문제가 없는지, 저작권 문제는 어떻게 해결할 것인지, AI의 창작물이 인간 문화에 미칠 영향은 무엇인지 등에 대한 논의가 계속되고 있다. 사실 AI 스토리텔링은 이제 시작에 불과하다. 앞으로 AI 기술이 더욱 발전하고 인간과의 협업 모델이 정교화되면서, 우리가 이야기를 만들고 소비하는 방식은 근본적으로 변화할 것이다. 이는 단순한 기술의 진보를 넘어, 인간의 창의성과 표현의 새로운 지평을 열어 갈 것으로 기대된다.

결론적으로, AI 스토리텔링은 우리가 이야기를 만들고, 공유하고, 경험하는 방식을 근본적으로 변화시킬 잠재력을 가지고 있다. 이는 창의성의 본질, 저작권의 개념, 문학의 정의 등에 대한 새로운 질문을 제기하며, 우리 사회와 문화에 깊은 영향을 미칠 것이다.

다음 장에서는 이러한 AI 스토리텔링의 구체적인 기법과 응용 사례들을 더 자세히 살펴볼 것이다. AI가 어떻게 캐릭터를 만들고, 플롯을 구성하고, 감정을 표현하는지, 그리고 이러한 기술이 실제 창작 현장에서 어떻게 활용되고 있는지를 탐구할 것이다.

참고문헌

김정환 외(2024). "딥러닝 기반 웹페이지 자동생성시스템 설계 연구". ≪한국컴퓨터정보학회 논문지(JKSCI)≫, 29(2), 21-30.

조민호(2021). "인공지능의 역사, 분류 그리고 발전방향에 관한 연구". ≪한국전자통신학회 논문지(JKIECS)≫, 16(2), 307-312.

Colton, S., & Wiggins, G. A. (2012). Computational creativity: The final frontier?. In *ECAI*, 12, 21-26.

LeCun, Y., et al.(2015). Deep learning. *Nature*, 521(7553), 436-444.

Muthukrishnan, N., et al.(2020). Brief History of Artificial Intelligence. *Neuroimaging Clinics*, 30(4), 393-399, https://doi.org/10.1016/j.nic.2020.07.004

Riedl, M. O., & Bulitko, V.(2013). Interactive narrative: An intelligent systems approach. *AI Magazine*, 34(1), 67-77.

Turing, A.(1950) Computing machinery and intelligence. in Jack Copeland, *The Essential Turing: the Ideas That Gave Birth to the Computer Age*, Oxford Press, 2012.

02
AI 시대의 이야기 구성 요소 재정의

AI 시대의 스토리텔링은 캐릭터와 세계관을 동적으로 변화시키며, 감정과 주제를 데이터 기반으로 디지털화한다. 이로 인해 인물, 배경, 내용의 기본 구성 요소가 재정의되고, 새로운 이야기의 가능성이 열리고 있다. 그 흥미진진한 현장으로 들어가 보자.

AI와 MBTI?

이야기와 스토리텔링의 개념

이야기(Story)는 시간의 흐름에 따라 전개되는 사건들의 연속체로, 등장인물, 배경, 갈등, 해결 등의 요소로 구성된다. 그래서 이야기는 인간의 경험과 지식을 전달하고 공유하는 기본적인 방식이며, 문화와 정체성 형성에 중요한 역할을 한다.

나아가 스토리텔링(Storytelling)은 이야기를 구성하고 효과적으로 전달하는 기술이다. 스토리텔링은 청중의 관심을 끌고, 감정적 반응을 유발하며, 메시지를 효과적으로 전달할 수 있다. 이에 다양한 분야에서 스토리텔링은 정보 전달, 브랜딩, 교육, 엔터테인먼트 등에 활용되고 있다.

즉, 스토리텔링은 인간의 인지와 소통에 깊이 관여한다. 인간은 이야기를 통해 세계를 이해하고, 경험을 구조화하며, 정체성을 형성한다. 또한 이야기는 정보를 효과적으로 전달하고, 공감을 유발하며, 사회적 상호작용을 촉진한다(Gervás, 2009).

최근 기술의 고도화로 AI가 이야기를 창작할 수 있는 영역이 확대되고 있다. 생성 모델, 강화 학습 등의 기술을 활용하여 AI가 등장인물, 배경, 플롯 등을 생성하고 구조화할 수 있게 되었다.

AI가 그리는 캐릭터와 세계관

바야흐로 AI 시대의 도래와 함께 캐릭터 창조와 세계관 구축의 방식이 근본적으로 변화하고 있다. AI는 방대한 데이터를 분석해 기존의 캐릭터 유형을 파악하고, 이를 바탕으로 새로운 캐릭터를 생성할 수 있다. GPT와 같은 대규모 언어 모델은 수많은 문학 작품에서 추출한 캐릭터 특성을 조합해 독특하고 다면적인 인물을 만들어 낼 수 있다(Fang et al., 2023).

AI의 공학적 접근법은 캐릭터 생성에 다음과 같은 장점을 제공할 수 있을 것이다. 첫째로 AI는 인간 작가가 무의식적으로 반복할 수 있는 고정관념을 벗어나, 더욱 다양하고 예측 불가능한 캐릭터를 창조할 수 있다.

나아가 AI는 캐릭터의 특성, 배경, 동기 등을 일관되게 유지하면서도 복잡한 발전 과정을 구현할 것이다. 아울러 독자의 선호도나 스토리의 요구 사항에 맞춰 실시간으로 캐릭터를 조정해 맞춤형 캐릭터를 만들 수도 있다(배기형 · 배찬, 2024).

한편 세계관 구축에서도 AI는 혁신적인 접근을 가능케 한다. AI는 역사, 지리, 문화, 과학 등 다양한 분야의 지식을 결합해 정교하고 일관된 가상세계를 만들어 낼 수 있다. 이는 특히 판타지나 SF 장르에서 큰 가치를 지니다(Gervás, 2009).

감정과 주제의 디지털화: AI의 해석과 표현

AI가 감정을 이해하고 표현하는 능력은 지속적으로 발전하고 있다. 감정 분석(Sentiment Analysis) 기술의 발전으로 AI는 텍스트에 내재된 감정을 정확히 파악할 수 있게 되었다. 더 나아가 AI는 이제 특정 감정을 유발하는 텍스트를 생성할 수 있는 단계에 이르렀다(Picard, 2000).

AI의 감정 표현 능력은 다음과 같은 방식으로 구현된다. 첫째는 어휘 선택으로, 특정 감정과 연관된 단어들을 적절히 선택해 사용할 수 있다. 둘째는 문장 구조에 관한 것인데, 감정의 강도에 따라 문장의 길이나 복잡성을 조절한다. 셋째는 감정을 효과적으로 전달하기 위해 적절한 비유와 은유를 사용하는 것이다.

주제의 디지털화 측면에서, AI는 방대한 텍스트 데이터에서 반복되는 주제와 모티프를 추출하고 분석할 수 있다. 이를 통해 AI는 특정 주제에 대한 새로운 시각이나 해석을 제시할 수 있다. 실제로 AI는 '사랑'이라는 주제에 대해 시대별, 문화별로 다양한 해석을 제시하거나, 이전에 주목받지 못했던 새로운 주제를 발굴할 수 있다(Liu & Singh, 2004).

AI 시대의 이야기 요소의 재고

AI의 등장으로 인물, 배경, 내용과 같은 전통적인 스토리텔링의 기본 요소들이 새롭게 정의되고 있다. 먼저 인물(Character)의 경우, AI는 더 이상 고정된 캐릭터가 아니라 독자의 선택이나 스토리의 전개에 따라 실시간으로 변화하는 동적 캐릭터를 구현할 수 있다. 이는 각 독자에게 맞춤형 캐릭터 경험을 제공할 수 있다는 점에서 매우 혁신적이다(Riedl & Young, 2010).

다음으로 배경(Setting)과 관련한 측면에서 AI는 현실세계의 데이터를 실시간으로 반영해 이야기의 맥락을 구축할 수 있다. 일례로 현재의 날씨나 뉴스 이벤트를 스토리의 배경에 즉각 반영할 수 있다. 이는 이야기와 현실세계의 경계를 흐릿하게 만들어 몰입도를 높일 것이다.

아울러 내용(Plot) 측면에서 AI는 비선형적이고 인터랙티브한 플롯 구조를 가능케 한다. 독자의 선택에 따라 이야기가 다양한 방향으로 전개될 수 있으며, AI는 이러한 다중 분기 구조를 효과적으로 관리하고 일관성을 유지할 수 있다(Jurafsky & Martin, 2023).

이러한 변화는 전통적인 스토리텔링의 개념을 확장하고, 작가와 독자 사이의 경계를 허무는 결과를 가져온다. AI 시대의 스토리텔링은 더 이상 일방향적인 전달이 아니라 작가, AI, 독자가 함께 만들어 가는 상호작용적 경험이 되고 있다.

물론 이러한 변화는 새로운 도전 과제도 제시한다. 일례로 너무 많은 선택지가 주어질 경우 오히려 독자의 몰입을 방해할 수 있으며, 실시간으로 변화하는 스토리는 일관된 주제나 메시지를 전달하기 어려울 수 있다. 따라서 AI 스토리텔링에서는 기술적 가능성과 문학적 가치 사이의 균형을 찾는 것이 중요한 과제가 될 것이다.

인간과 AI 스토리텔링의 비교: 브루투스

흥미롭게도 AI 스토리텔링의 가능성을 보여 준 대표적인 사례로 브루투스(BRUTUS) 시스템을 들 수 있다. 1999년 개발된 브루투스는 배신을 주제로 한 단편 소설을 생성할 수 있는 AI 시스템이다. 브루투스는 문학적 기법, 문법 규칙, 플롯 구조 등을 학습해 인간이 읽을 만한 수준의 이야기를 만들어 냈다(Bringsjord & Ferrucci, 1999).

재미있는 점은 이 시스템의 작동 방식이 인간의 창작 과정과 유사하면서도 다르다는 것이다. 인간 작가가 경험과 감정, 직관을 바탕으로 이야기를 구성한다면, 브루투스는 데이터베이스에 저장된 지식과 규칙을 조합해 이야기를 만들어 낸다. 예를 들어, 브루투스는 '배신'이라는 주제에 대한 다양한 시나리오와 그에 따른 감정적 반응, 대화 패턴 등을 학습하고, 이를 바탕으로 새로운 이야기를 구성한다.

좀 더 상세하게 브루투스 시스템의 창작 과정은 다음과 같은 7단계로 이루어졌다고 알려져 있다.

1. 테마 선택: 시스템은 '배신'이라는 주요 테마를 중심으로 이야기를 구성한다.
2. 플롯 구조 생성: 미리 정의된 플롯 구조 템플릿을 사용해 이야기의 뼈대를 만든다.
3. 캐릭터 설정: 데이터베이스에서 캐릭터 특성을 선택해 등장인물을 만든다.
4. 사건 전개: 선택된 플롯 구조에 따라 사건을 극적으로 전개시킨다.
5. 대화 생성: 캐릭터의 특성과 상황에 맞는 여러 대화를 생성한다.
6. 문체 적용: 선택된 문체에 따라 텍스트를 매끄럽게 다듬는다.
7. 퇴고: 전체적으로 생성한 이야기가 문제가 없는지 시스템적으로 확인하고 결과를 출력한다.

이러한 과정은 AI 스토리텔링의 강점과 한계를 동시에 보여 준다(Brown et al., 2020). AI의 강점은 방대한 양의 정보를 빠르게 처리하고 새로운 조합을 만들어 낼 수 있다는 점이다. 브루투스는 수많은 문학 작품을 분석해 얻은 패턴을 바탕으로 새로운 이야기를 만들어 낼 수 있다. 또한 인간 작가가 무의식적으로 반복할 수 있는 패턴이나 클리셰를 피하고 더 다양한 시도를 할 수 있다.

반면 인간 특유의 감정적 깊이나 복잡한 맥락 이해 능력은 아직 AI의 한계로 지적된다. 본 시스템이 만들어 낸 이야기는 기술적으로는 완벽할 수 있지만, 인간의 삶에 대한 깊은 통찰이나 독창적인 메시지를 담기는 어렵다. 또한, AI는 자신의 경험이나 감정을 바탕으로 쓰는 것이 아니기 때문에, 진정성 있는 감동을 전달하는 데 한계가 있을 수 있다(UNESCO, 2024).

그러나 최근의 GPT-5와 같은 대규모 언어 모델은 이러한 간극을 빠르게 좁혀 가고 있다. 최근 LLM은 브루투스보다 훨씬 더 자연스럽고 맥락에 맞는 텍스트를 생성할 수 있으며, 때로는 인간의 감정과 경험을 놀라울 정도로 정확하게 묘사하기도 한다. 이는 AI 스토리텔링의 미래가 더욱 흥미롭고 도전적일 것임을 시사한다.

AI와 인간 작가의 앙상블

AI 시대의 스토리텔링은 전통적인 이야기 구성 요소들을 재정의하고 확장하고 있다. 캐릭터는 더욱 다양하고 동적으로 변화하며, 세계관은 더욱 정교하고 반응적으로 구축된다. 감정과 주제의 표현은 데이터 분석을 통해 새로운 차원을 얻게 되었으며, 플롯 구조는 더욱 유연하고 인터랙티브해졌다.

이러한 변화는 스토리텔링의 가능성을 크게 확장시키는 한편, 새로운 윤리적 질문과 미학적 논제들을 제기한다. 과연 AI가 만들어 낸 이야기의 진정성은 어떻게 평가할 수 있을까? 이제 AI 스토리텔링에서 인간 작가의 역할은 무엇인가? 이야기의 의미와 가치는 어떻게 변화할 것인가?

앞으로 AI 기술이 더욱 발전하면서, 이야기를 만들고 소비하는 방식은 계속해서 진화할 것이다. 이는 문학, 엔터테인먼트, 교육 등 다양한 분야에 깊은 영향을 미칠 것으로 예상된다. 우리는 이러한 변화를 주시하면서, AI 스토리텔링의 잠재력을 최대한 활용하고 동시에 그것이 가져올 수 있는 문제점들에 대비해야 할 것이다.

참고문헌

배기형 · 배찬(2024). 『AI 시대의 PD』, 커뮤니케이션북스, 서울.

Bringsjord, S., & Ferrucci, D. A.(1999). *Artificial intelligence and literary creativity: Inside the mind of BRUTUS, a storytelling machine.* Psychology Press.

Brown, T. B., et al.(2020). Language models are few-shot learners. arXiv preprint arXiv:2005.14165

Fang, X., et al.(2023). A systematic review of artificial intelligence technologies used for story writing. *Education and Information Technologies*, 1-37.

Gervás, P. (2009). Computational approaches to storytelling and creativity. *AI Magazine*, 30(3), 49-62.

Jurafsky, D., & Martin, J. H.(2023). *Speech and language processing (3rd ed.).* Prentice Hall.

Liu, B., & Singh, P.(2004). ConceptNet: A practical commonsense reasoning toolkit. *BT Technology Journal*, 22(4), 211-226.

Picard, R. W.(2000). *Affective computing.* MIT Press.

Riedl, M. O., & Young, R. M.(2010). Narrative planning: Balancing plot and character. *Journal of Artificial Intelligence Research*, 39, 217-268.

Swanson, R., & Gordon, A. S.(2012). Say anything: Using textual case-based reasoning to enable open-domain interactive storytelling. *ACM Transactions on Interactive Intelligent Systems (TiiS)*, 2(3), 1-35.

UNESCO(2024). Artificial Intelligence: UNESCO Calls on All Governments to Implement Global Ethical Framework without Delay, UNESCO News, https://www.unesco.org

03
AI의 언어 이해와 감정 표현 기술

AI의 언어 이해와 감정 표현 기술은 자연어 처리의 발전을 통해 의미 파악 능력을 향상시키고 있다. 즉, AI는 사고 과정을 통해 이야기 생성 메커니즘을 구축하며, 다양한 감정을 이해하고 표현할 수 있는 가능성을 지니고 있다. 그러나 이러한 기술에는 한계도 존재하며, AI가 감정을 잘 이해하고 인간의 복잡한 정서를 재현하는 데에는 여전히 도전 과제가 남아 있다.

AI와 난임 극복?

자연어 처리의 진화와 의미 파악

자연어 처리 기술은 인공지능이 인간의 언어를 이해하고 생성하는 데 필수적인 요소로 자리잡고 있다. 최근 몇 년간 자연어 처리 기술은 딥러닝과 대규모 언어 모델의 발전 덕에 비약적인 성장을 이루었고, 이는 언어 이해의 정확성과 효율성을 크게 향상시켰다(김정환 외, 2024).

2017년에 등장한 트랜스포머(Transformer) 모델은 자연어 처리 분야에 혁신적 변화를 가져왔다(Vaswani et al., 2017). 이 모델은 기존 RNN(Recurrent Neural Network)이나 LSTM(Long Short-Term Memory) 모델과는 다른 접근 방식을 채택해 언어 처리에서의 한계를 극복하는 데 큰 역할을 했다. 트랜스포머 모델의 주요 특징은 다음과 같다.

먼저 자기 주의(Self-Attention) 메커니즘을 통해 문장 내 모든 단어 간의 관계를 동시에 고려할 수 있게 해 준다. 예를 들어, "The cat sat on the mat because it was soft"라는 문장에서 "it"이 무엇을 지칭하는지를 이해하기 위해, 모델은 문장 내의 모든 단어를 동시에 분석해 "mat"이라는 단어와의 관계를 파악할 수 있다. 이는 언어의 의미를 더 깊이 있게 이해하는 데 큰 도움이 된다.

또한 트랜스포머는 기존 순차적 처리 방식과 달리, 입

력된 데이터를 병렬로 처리할 수 있는 구조를 가지고 있다. 이로 인해 학습과 추론 속도가 크게 향상되었다. 대규모 데이터셋을 빠르게 처리할 수 있어 모델의 학습 시간도 단축될 수 있게 되었다(Vaswani et al., 2017).

아울러 문장 내 멀리 떨어진 단어 간의 관계를 효과적으로 파악할 수 있는 능력이 트랜스포머의 강력한 특징 중 하나다. 일례로, "The dog that chased the cat ran quickly"라는 문장에서 "dog"와 "ran"의 관계를 이해하는 데서 전통적인 모델은 장거리 의존성을 충분히 포착하지 못했지만, 트랜스포머는 이러한 관계를 명확히 분석할 수 있다.

한편 트랜스포머 모델을 기반으로 한 BERT(Bidirectional Encoder Representations from Transformers), GPT(Generative Pre-trained Transformer) 시리즈 등은 자연어 처리 작업에서 인간의 성능에 근접하거나 때로는 이를 초월하는 놀라운 결과를 보여 주고 있다. BERT는 주로 문맥 이해와 관련된 작업에 강점을 보이며, GPT는 자연어 생성에 뛰어난 성능을 발휘한다(박수현 외, 2024). 이러한 모델들은 대규모 데이터로 사전 학습된 후, 특정 작업에 맞게 파인튜닝(fine-tuning)되어 다양한 자연어 처리 응용 분야에서 활용되고 있다.

의미 파악의 진화

놀랍게도 최신 자연어 처리 기술은 단순한 키워드 매칭을 넘어, 문맥과 의미를 깊이 이해할 수 있는 능력을 갖추게 되었다. 이로 인해 AI는 더 자연스럽고 인간에 가까운 언어 처리가 가능해졌다. 중의성이 해소되었고, 은유와 비유 이해가 깊어졌으며, 함축적 의미를 파악하는 등의 현저한 발전이 있었다(Jurafsky & Martin, 2023).

먼저 "bank"라는 단어는 금융기관을 의미할 수도 있고, 강둑을 의미할 수도 있다. 최신 자연어 처리 모델은 문맥을 고려해 이러한 중의성을 해소할 수 있는 능력을 갖추게 되었다. 문장에서 함께 쓰인 단어들을 고려해 "He went to the bank to deposit money"라고 하면 금융기관을 의미하고, "The river bank was steep"라고 하면 강둑을 의미함을 파악할 수 있다.

나아가 은유와 비유에 대한 이해도가 깊어진 점도 큰 발전 사항이다. AI는 이제 단순한 직유적 표현을 넘어, 복잡한 은유와 비유도 해석할 수 있는 능력을 가지게 되었다. 예를 들어, 사람들이 쓰는 일상 속 문장인 "시간이 쏜살같다"와 같은 표현을 통해, 시간의 빠름과 흘러가 버리는 것에 대한 비유적 의미를 이해한 결과를 도출할 수 있다.

물론 이에 따라 함축적 의미를 파악하는 능력도 훨씬 뛰어난 성능을 보이고 있다. 다시 말해 명시적으로 언급되지 않은 정보도 추론할 수 있는 능력이 강화되었다. 일례로 "범수는 멋진 음악가야. 그는 기타를 정말 잘 연주해"라는 문장에서 "그"는 범수를 지칭하며, "멋진 음악가"라는 표현이 함축적으로 그의 기술 수준을 높이 평가하는 것임을 이해할 수 있다(Jurafsky & Martin, 2023).

이러한 발전은 AI가 더욱 자연스럽고 맥락에 맞는 이야기를 생성할 수 있게 해 주었다. 예를 들어 AI는 다양한 장르의 글쓰기, 스토리텔링, 고객 서비스에 이르기까지 여러 분야에서 활용될 수 있다. 이처럼 자연어 처리 기술의 발전은 단순한 언어 처리의 경계를 넘어 인간의 사고와 감정을 이해하고 표현하는 데 기여한다.

결론적으로, 자연어 처리 기술은 AI의 언어 이해와 생성 능력을 획기적으로 향상시키며, 우리가 언어를 사용하는 방식을 변화시키고 있다. 앞으로도 이 기술의 발전은 계속될 것이며, 이에 따라 더욱 다양한 응용 분야에서 활용이 기대된다. AI와 자연어 처리 기술의 융합은 스토리텔링이 나아갈 혁신적인 방향을 제시하는 나침반 역할을 할 것이다.

AI의 사고 과정과 이야기 생성 단계

AI의 이야기 생성 과정은 인간의 창작 과정과는 다르지만, 점점 더 정교해지고 있다. AI는 방대한 데이터를 기반으로 학습해 이야기를 만들어 내는 능력을 점차 발전시켜 왔다. 이러한 과정은 여러 단계로 나뉘며, 각 단계는 서로 연결되어 최종적으로 하나의 완성된 이야기를 탄생시킨다.

무엇보다도 첫 단계는 기획, 계획 수립일 것이다. 이 단계에서 AI는 전체적인 이야기 구조와 주요 사건을 결정한다. 예를 들어 이야기의 시작, 전개, 클라이맥스, 결말을 어떻게 구성할지에 대한 기초적인 틀을 설정한다. 이 과정은 마치 작가가 스토리보드를 작성하는 것과 유사하게 보인다. AI는 다양한 장르와 스타일에 대한 데이터를 학습해 특정한 주제나 테마에 맞는 이야기의 흐름을 계획할 수 있다.

그다음으로는 인물, 바로 캐릭터를 잡는 부분일 것이다. 이 과정에서는 주요 인물의 특성, 동기, 목표를 세팅한다. AI는 캐릭터의 배경, 성격, 욕망 등을 고려해 각 인물이 이야기에서 어떤 역할을 할지를 결정할 수 있다. 이는 이야기의 신뢰성을 높이고, 독자가 캐릭터에 감정 이입을 할 수 있도록 돕는다. 각 캐릭터는 고유한 목표를 가지고 있으며, 이 목표가 이야기의 전개를 이끌어 가는 중요한 요소가 된다.

셋째 단계는 장면 생성이다. AI는 각 장면의 세부 사항을 생성하며, 이 과정에서 장소나 시간, 분위기 등을 설정한다. 장면은 이야기의 흐름을 만들어 가는 중요한 요소로, AI는 각 장면에서 어떤 사건이 발생할지를 결정한다. 이때 AI는 이전의 계획 단계에서 수립한 이야기 구조를 바탕으로 세부적인 내용을 채워 넣을 것이다.

이제 넷째 단계에서는 대화가 생성될 것이다. 즉, 캐릭터 간의 자연스러운 대화를 만들어 내는 과정으로, 이 과정에서 AI는 각 캐릭터의 성격과 상황에 맞는 대사를 생성할 수 있다. 이러한 대화는 이야기를 더욱 생동감 있게 만들어 주며, 캐릭터 간의 관계를 드러내는 중요한 수단이 된다. AI는 대화의 톤이나 스타일을 조절해 각 캐릭터의 개성을 반영할 수 있을 것이다.

마지막으로 문체 적용 단계로 도착할 것이다. AI는 전체적인 문체를 일관되게 적용해 이야기의 흐름이 자연스럽고 일관되게 이어지도록 한다. 이 과정에서 AI는 다양한 문체와 표현 방식을 학습해 특정한 분위기나 주제를 전달할 수 있는 언어를 선택할 수 있다. 이러한 특정한 분위기를 전하는 문체 적용은 독자가 이야기에 몰입할 수 있도록 도와준다.

또한 AI가 이야기를 생성하는 과정에서 사용하는 기법도 여러 가지가 있을 것이다. 미리 정의된 구조를 기반으로 내용을 채워 넣는 템플릿 방식은 특정한 형식이나 장르에 맞는 이야기를 생성하는 데 유용하다. 예를 들어 로맨스 소설의 경우, 사랑에 빠진 주인공과 그 사이의 갈등을 중심으로 이야기를 전개하는 템플릿을 사용할 수 있다. 또한 문법 규칙과 스토리텔링 원칙을 적용해 이야기를 생성하여, AI가 특정한 규칙을 따라 이야기를 구성하도록 할 수도 있다. 각 캐릭터가 특정한 역할을 맡고, 그 역할에 맞는 행동을 하도록 규칙을 설정할 수 있다.

그 외에도 신경망 기반 기법으로 딥러닝 모델을 사용해 더욱 자연스러운 텍스트를 생성할 수 있을 것이다. AI는 방대한 양의 데이터를 통해 언어의 뉘앙스와 맥락을 이해하고, 이를 바탕으로 창의적인 이야기를 만들어 낼 수 있기 때문이다. 최신 AI 모델들은 이러한 기법들을 복합적으로 사용해 더욱 정교한 이야기를 만들어 낸다.

이처럼 AI의 이야기 생성 과정은 여러 단계와 다양한 기법을 통해 이루어진다. 이러한 발전은 AI가 단순한 텍스트 생성에서 벗어나 보다 복잡하고 깊이 있는 이야기 창작으로 나아가는 데 기여하고 있다. 앞으로 AI가 만들어 낼 이야기의 범위와 질이 더욱 향상될 것으로 기대된다.

AI와 감정의 관계: 가능성과 한계

그렇다면 과연 AI는 감정을 이해하고 이것을 이야기 속에 표현할 수 있는가? 이러한 감정을 기반으로 표현하는 능력은 스토리텔링에서 핵심적인 요소다. 그래서 최근 주목받고 있는 감정 컴퓨팅(Affective Computing) 분야의 발전으로 AI의 감정 관련 능력이 크게 향상되었다.

감정 인식 기술과 관련해서 보면 인공지능은 글로 쓰인 단어를 마치 이해하는 것 같다. 다시 말해, 자연어 처리 기술을 활용해 텍스트에 내재된 감정을 파악할 수 있게 되었다. 또한 음성을 활용한 감정 인식은 어떠한가. 음성의 톤, 피치, 속도 등을 분석해 감정 상태를 추론할 수도 있는 시대다. 더 나아가 표정 인식은 더 이상 숨길 수 없는 감정을 파악한다. 즉, 컴퓨터 비전(CV) 기술을 활용해 매 순간 어디서나 얼굴 표정에서 감정을 읽어 낼 수도 있다. 어떻게 생각해 보면 섬뜩하게도(?) 이러한 기술들을 통해 AI는 인간의 감정 상태를 더 정확하게 인식할 수 있게 되었다(Cambria, 2016).

기술적으로 들여다보면 AI가 감정을 생성하고 표현하

는 방식도 이야기를 생성하는 방식과 결국 원리는 같다. 특정 상황에 적절한 감정 반응을 미리 정의해 놓는 방식의 규칙 기반 접근법이 있을 것이다. 또한 데이터 기반 학습으로 대량의 텍스트 데이터에서 감정 표현 패턴을 학습할 수 있다. 혹은 심리학 모델을 적용해 인간의 감정 모델을 AI 시스템에 구현하는 방안도 가능하다.

하지만 이러한 가능성에도 불구하고 AI의 감정 표현 능력에는 여전히 한계가 존재한다. AI는 실제로 감정을 '느끼지' 않기 때문에, 때로는 그 표현이 피상적일 수 있다는 지적이다. 게다가 복잡한 사회적, 문화적 맥락에서의 적절한 감정 표현에 어려움을 겪을 수도 있다. 나아가 항상 대두되는 윤리적 문제로, AI의 감정 표현이 인간을 기만하거나 조종하는 데 사용될 수 있다는 우려가 있다.

이러한 한계에도 불구하고, AI의 감정 관련 능력은 계속해서 발전하고 있으며 이는 AI 스토리텔링의 질을 크게 향상시키고 있다.

참고문헌

김정환 외(2024). "딥러닝 기반 웹페이지 자동생성시스템 설계 연구". ≪한국컴퓨터정보학회 논문지(JKSCI)≫, 29(2), 21-30.

박수현 외(2024). "구매후기 작성 AI 지원을 통한 고객경험 증진에 관한 연구". ≪전기학회논문지≫, 73(2), 334-342.

Cambria, E.(2016). Affective computing and sentiment analysis. *IEEE Intelligent Systems*, 31(2), 102–107.

Jurafsky, D., & Martin, J. H.(2023). *Speech and language processing (3rd ed.)*. Prentice Hall.

Li, Y., et al.(2019). AI–Enabled Emotion Communication, *IEEE Network*, 33(6), 15–21.

Pérez y Pérez, R., & Sharples, M.(2001). MEXICA: A computer model of a cognitive account of creative writing. *Journal of Experimental & Theoretical Artificial Intelligence*, 13(2), 119–139.

Vaswani, A., et al.(2017). Attention is all you need. In *Advances in neural information processing systems*, 5998–6008.

04
AI가 생성하는 이야기의 특성

이제 AI가 만들어 내는 이야기는 데이터 중심의 접근 방식, 여러 계산 모델의 조합, 그리고 익숙함과 신선함의 균형을 통해 독특한 특징을 갖게 되었다. 이는 전통적인 인간 중심의 창작 방식과는 다른 새로운 형태의 스토리텔링을 가능하게 하고 있다. 게임의 규칙이 바뀌고 있다.

AI와 사주?

데이터 주도의 스토리 전개

AI 스토리텔링의 핵심은 방대한 데이터에 있다. AI는 수많은 문학 작품, 영화 시나리오, 뉴스 기사 등을 학습해 다양한 장르의 특징, 이야기 구조, 캐릭터 발전 등을 파악한다. 이를 바탕으로 새로운 이야기를 생성한다(Lo Duca, 2023).

이러한 데이터 기반 접근법은 AI 스토리텔링만의 독특한 장단점을 만들어 낸다. AI는 인간 작가가 쉽게 떠올리기 어려운 독특한 조합과 아이디어를 제시할 수 있다. 또한 대규모 데이터에서 추출한 패턴을 바탕으로 일관된 세계관과 캐릭터를 구축할 수 있다. 더 나아가 독자의 선호도 데이터를 활용한 개인화된 스토리 생성도 가능하다.

그러나 이 접근법에는 한계도 있다. AI는 기존 데이터에 크게 의존하기 때문에 완전히 새로운 아이디어를 만들어 내기 어려울 수 있다(Kulp, 2024). 학습 데이터에 내재된 편향이 생성된 이야기에 그대로 반영될 수 있는 점도 주의해야 한다. 복잡한 사회적, 문화적 맥락을 완전히 이해하지 못하는 것도 AI의 현재 한계 중 하나다.

AI의 이야기 생성 방식은 다양하다. 가장 기본적인 방식은 미리 정의된 규칙과 템플릿을 사용하는 규칙 기반 시스템이다. 마르코프 체인과 같은 확률 모델을 사용하여 다음에 올 단어나 사건을 예측하는 방법도 있다. 최근에는 딥러닝 기술을 활용한 신경망 기반 모델이 주목받고 있다. 이 방식은 더욱 자연스럽고 복잡한 이야기를 생성할 수 있다(Melissa, 2023).

신경망 기반 모델은 특히 주목할 만하다. 이 모델은 인간의 뇌 구조를 모방한 인공 신경망을 사용해 텍스트를 생성한다. 순환 신경망(RNN)은 시퀀스 데이터를 처리하는 데 효과적이며, 장단기 메모리(LSTM) 네트워크는 장기 의존성을 학습할 수 있어 더 일관된 이야기를 만들어 낼 수 있다(Shrouti et al., 2024). 이러한 기술의 발전은 AI가 생성하는 이야기의 품질을 크게 향상시켰다.

특히 GPT와 같은 대규모 언어 모델은 놀라운 성능을 보이고 있다. 이런 모델들은 거의 모든 종류의 텍스트를 생성할 수 있으며, 때로는 인간이 쓴 것과 구별하기 어려운 수준의 이야기를 만들어 낸다(Melissa, 2023). 이는 AI 스토리텔링의 잠재력을 보여 주는 중요한 지표다.

규칙 기반과 확률적 모델의 창의적 결합

AI 스토리텔링의 주목할 만한 특징 중 하나는 서로 다른 접근 방식을 창의적으로 결합할 수 있다는 점이다. 특히 규칙 기반(Rule-based) 접근법과 확률적 모델(Probability Model)의 결합은 흥미로운 결과를 만들어 낸다(Kulp, 2024; Lan et al., 2024).

규칙 기반 시스템은 마치 경험 많은 작가의 글쓰기 공식과 유사하다. '영웅의 여정' 구조와 같은 정형화된 패턴을 따라 이야기를 만들 수 있다. 스타워즈, 해리포터, 스파이더맨과 같은 스토리의 공통점에서 느낄 수 있는 방식이다. 즉, 이 방식은 일관성 있는 구조와 예측 가능한 결과를 만들어 내는 데 효과적이라서 특정 장르나 형식에 맞춘 이야기 생성에 유용하다. 그러나 이 방식만으로는 유연성이 부족하고 창의성이 제한될 수 있다.

반면, 확률적 모델은 흡사 즉흥 연주를 하는 음악가와 유사하다. 데이터에서 학습한 패턴을 바탕으로 다음에 올 요소를 예측한다. 이 방식은 다양성과 예측 불가능성을 제공하며, 자연스러운 흐름과 새로운 조합을 만들어 낼 수 있다. 그러나 때로는 장기적인 일관성이 부족하거나 비논리적인 결과를 낼 수 있다는 단점이 있다(Kulp, 2024).

흥미롭게도 AI 스토리텔링에서 이 두 가지 접근법의 결합은 새로운 가능성을 열어 준다. 예컨대 전체적인 이야기 구조는 규칙 기반 시스템으로 설계하고, 세부적인 내용은 확률적 모델로 채워 넣는 방식을 사용할 수 있을 것이다(Lan et al., 2024). 이는 구조적 안정성과 창의적 유연성을 동시에 확보할 수 있게 한다. 숙련된 작가가 전체적인 플롯을 계획하면서도 순간의 영감을 따라 디테일을 채워 나가는 과정과 유사하다.

이러한 하이브리드 접근법은 여러 가지 이점을 제공한다. 구조적 안정성과 예측 불가능성의 균형을 맞출 수 있고, 장르의 특성을 유지하면서도 새로운 시도가 가능하다. 또한 전체적인 일관성을 유지하면서도 세부적인 부분에서는 창의성을 발휘할 수 있다. 이는 AI 스토리텔링이 단순한 모방을 넘어 진정한 의미의 창조적 활동으로 나아갈 수 있는 가능성을 시사한다(Heikkilä, 2023).

실제 적용 사례로 '인공지능 던전(AI Dungeon)'을 들 수 있다(Walton, 2019). 게임 이용자, 아니 게임을 즐겨하는 팬들은 목표 달성과 동시에 새로운 시나리오나 도전을 원한다. 이를 지속 가능하면서도 한 번에 만족시키기는 쉽지 않을 것이다. 이에 하이브리드형 접근법을 활용하면 대략 두 마리 토끼를 잡을 수도 있을 듯하다.

이 대화형 픽션 게임은 GPT 모델을 기반으로 하지만, 게임의 전체적인 구조와 규칙은 미리 정의된 시스템을 따른다. 이를 통해 사용자는 예측 불가능하고 창의적인 이야기를 경험하면서도, 일정한 게임 구조 내에서 플레이할 수 있다. 이는 규칙 기반과 확률적 모델의 결합이 실제로 어떻게 작동하는지를 보여 주는 좋은 예시다.

AI 생성 이야기의 독특한 매력은?

결론부터 이야기하자면, AI가 생성하는 이야기의 독특한 매력은 바로 친숙함과 새로움의 '균형'에 있다. 이는 AI가 기존 데이터에서 학습한 패턴(친숙함)과 그것을 새롭게 조합하는 능력(새로움)에서 비롯된다.

사실 친숙함의 요소는 다양하다. AI는 특정 장르의 전형적인 요소들을 학습해 적용할 수 있다. 로맨스 소설의 전형적인 전개나 미스터리 소설의 긴장감 조성 방식 등을 이해하고 활용할 수 있을 것이다. 또한 널리 알려진 문화적 요소나 익숙한 상징들을 이야기에 녹여 낼 수 있다. 사랑, 성장, 갈등 등 인류 보편적 주제를 다루는 것도 가능하다. 흥행을 걱정할 필요가 없다. 즉, 이런 요소들은 독자들에게 편안함과 공감대를 형성해 준다.

반면 AI는 놀라운 새로움도 제공한다. 서로 다른 장르나 개념을 독특하게 결합해 예상치 못한 이야기를 만들어 낼 수 있다. 기승전결 속 전통적인 서사 구조에서 벗어난 실험적 형식을 시도하기도 한다. 또한 독자의 선호도에 맞춘 독특한 요소들을 포함할 수도 있을 것이다. 누군가는 주인공의 삶을 일찍 종결시키고 싶어 하거나, 삼총사나 오형제의 티키타카 세계관을 좋아할 수 있다. 이러한 새로움은 독자들에게 신선한 자극을 준다.

이러한 균형은 독자들에게 안정감과 동시에 신선함을 제공한다. 예를 들어 AI가 생성한 SF 소설은 깊은 우주여행이나 미지의 외계 생명체 같은 장르의 전형적인 요소를 포함하면서도, 예상치 못한 철학적 질문이나 현대사회 문제와의 연결을 통해 새로운 시각을 제시할 수 있다(Kulp, 2024).

AI 생성 이야기의 또 다른 독특한 특징들도 주목할 만하다. AI는 때로 인간의 상상력을 뛰어넘는 '초현실적인 요소들을 결합'한다. 복수의 시점을 동시에 다루거나 빠르게 전환하는 능력도 뛰어나다. 익숙한 패턴을 미묘하게 변형해 새로운 느낌을 주기도 한다. 또한 방대한 데이터를 바탕으로 고밀도의 정보와 참조를 포함할 수 있다. 정말로 있을 법한 사례나 그럴듯한 역사적 허구를 만들어 내어 넷플릭스나 유튜브 못지 않은 창의적 스토리텔링을 선사할 수도 있을 것이다.

이러한 특징들은 AI 생성 이야기만의 독특한 미학을 만들어 낸다. 일례로 AI가 쓴 장편시는 때로 인간 시인들이 만들어 내기 어려운 독특한 이미지와 연상을 포함할 수 있다(Lan et al., 2024). 이는 새로운 형태의 문학적 경험을 제공할 수 있는 가능성을 보여 준다.

AI 생성 이야기의 또 다른 흥미로운 특징은 '초연결성'이다. AI는 방대한 데이터베이스를 바탕으로 서로 관련 없어 보이는 개념들 사이의 연결을 만들어 낼 수 있다. 대표적인 예로 양자물리학의 원리를 사용해 사랑의 본질을 설명하는 로맨스 소설을 쓸 수 있다. 이러한 예상치 못한 연결은 독자들에게 새로운 통찰과 신선한 경험을 제공할 수 있다(Shrouti et al., 2024). 그리고 그 부분이 바로 독자들이 끊임없이 AI에 귀 기울이게 만드는 포인트가 될 수 있다.

AI 스토리텔링의 현재와 미래

AI 스토리텔링 기술은 매일매일 빠르게 발전하고 있으며, 이미 실제 창작 현장에서 활발히 활용되기 시작했다(Heikkilä, 2023). 물론 AI 스토리텔링에는 여전히 한계와 과제도 존재한다.

먼저 AI는 깊이 있는 감정 표현과 복잡한 인간 경험의 묘사에는 아직까지는 한계를 보인다. 또한 사회적, 문화적 맥락의 완전한 이해가 어렵기도 하다. 나아가 여전히

AI 생성 콘텐츠의 저작권, 윤리적 사용 등에 대한 논의도 계속되고 있다(Pellas, 2023). 이러한 문제들은 AI 스토리텔링이 앞으로 해결해 나가야 할 과제들이다.

그럼에도 불구하고 AI 스토리텔링의 미래는 밝다. 앞으로 AI는 각 독자의 취향과 경험에 맞춘 이야기를 실시간으로 생성할 수 있을 것이다. 텍스트뿐만 아니라 이미지, 음성, 동영상 등을 통합한 복합적인 이야기 생성도 가능해질 것이다(Lo Duca, 2023). 멀티모달 AI는 인간 작가의 창의적 파트너로서 아이디어 제안, 구조 설계, 편집 등을 지원할 것이다. 또한 가상현실(VR), 증강현실(AR) 등의 기술과 결합해 완전히 새로운 형태의 이야기 경험을 제공할 수 있을 것이다.

한편 AI 스토리텔링 도구의 발전은 교육 분야에도 큰 영향을 미치고 있다. 최근 연구에 따르면, 생성형 AI 플랫폼이 대학생들의 내러티브 지능과 글쓰기 자기효능감에 영향을 미치는 것으로 나타났다는 흥미로운 결과가 있다(Pellas, 2023). 이는 AI 도구가 학생들의 창작 능력을 어떻게 변화시키는지, 그리고 이것이 교육에 어떤 영향을 미칠 수 있는지에 대한 시대적 통찰을 제공한다.

결국 AI 스토리텔링의 미래에는 '협업적 스토리텔링' 모델이 주목받을 것으로 예상된다. 이는 AI와 인간 작가가 실시간으로 상호작용하며 이야기를 만들어 가는 방식이다. AI는 아이디어를 제안하고 인간은 이를 다듬는 식의 협업이 가능할 것이다. 이러한 모델은 AI의 창의성과 인간의 통찰력을 결합해 더욱 풍부하고 의미 있는 이야기를 만들어 낼 수 있다. 또한 이는 창작 과정 자체를 하나의 새로운 예술 형태로 발전시킬 가능성도 충분히 내포한다(Heikkilä, 2023).

결국 인간의 통찰력과 경험

AI가 생성하는 이야기는 데이터 주도의 접근법, 다양한 계산적 모델의 결합, 그리고 친숙함과 새로움의 균형을 통해 독특한 특성을 가지게 되었다. 이는 전통적인 인간 중심의 창작과는 다른 새로운 형태의 스토리텔링을 가능케 하고 있다.

그러나 AI 스토리텔링이 인간의 창의성을 대체하는 것이 아니라 오히려 확장하고 보완하는 방향으로 발전해야 한다는 점을 명심해야 한다. AI는 새로운 아이디어의 원천이 될 수 있지만, 궁극적으로 이야기에 깊은 의미와 감동을 부여하는 것은 인간의 통찰력과 경험이다.

앞으로 AI 스토리텔링 기술은 더욱 발전할 것이며, 이는 창작의 개념과 과정을 계속해서 재정의할 것이다. 중요한 것은 이러한 기술을 어떻게 활용해 더욱 풍부하고 의미 있는 이야기를 만들어 낼 수 있을지, 그리고 AI와 인간 작가가 어떻게 상호 보완적인 관계를 구축할 수 있을지에 대한 지속적인 탐구다.

AI 스토리텔링의 발전은 우리에게 창작의 본질에 대해 다시 생각해 볼 기회를 제공한다. 무엇이 진정한 창의성인지, 인간만이 가질 수 있는 창작의 요소는 무엇인지에 대한 철학적 질문을 던진다. 동시에 AI의 발전은 인간 작가들에게 새로운 도구와 가능성을 제공한다. 앞으로 AI와 인간의 협업을 통해 우리는 지금까지 상상하지 못했던 새로운 형태의 이야기와 예술을 경험하게 될 것이다. 이는 단순한 기술의 발전이 아니라 인간의 창의성과 표현 능력의 확장으로 볼 수 있다.

참고문헌

Heikkilä, M.(2023). Four trends that changed AI in 2023, MIT Technology Review.
https://www.technologyreview.com/2023/12/19/1085696/four-trends-that-changed-ai-in-2023/

Kulp, P.(2024). Study finds AI leads to more sameness in creative writing, Tech Brew Article,
https://www.emergingtechbrew.com/stories/2024/07/16/science-advances-study-ai-sameness-creative-writing

Lan, X., et al.(2024). Gen4DS: Workshop on Data Storytelling in an Era of Generative AI, arXiv:2404.01622.

Lo Duca, A.(2023). Towards a Framework for AI-Assisted Data Storytelling. *The 19th International Conference on Web Information Systems and Technologies*, 512-519.

Pellas, N.(2023). The Effects of Generative AI Platforms on Undergraduates' Narrative Intelligence and Writing Self-Efficacy, *Education Sciences*, 13(11):1155.

Shrouti, D., et al.(2024). Story Generation Using GAN, RNN and LSTM. In: Garg, D., Rodrigues, J.J.P.C., Gupta, S.K., Cheng, X., Sarao, P., Patel, G.S.(eds), *Advanced Computing. IACC 2023*. Communications in Computer and Information Science, 2053, Springer, Cham.

Walton, N. (2019). *AI Dungeon [Interactive Fiction]*. Latitude.

05
AI가 만드는 세계관과 배경

AI의 가상세계 구축 능력은 철학적, 공학적 측면에서 많은 논의를 불러일으키고 있다. AI가 만든 세계는 단순한 픽션을 넘어, 우리가 현실과 가상, 그리고 그 사이의 관계를 어떻게 인식하는지에 대한 근본적인 질문을 제기한다. 이는 단순히 기술적 진보의 문제가 아니라, 인간의 인식과 경험에 대한 철학적 탐구로 이어지고 있다.

AI와 아이돌?

문화와 사회적 맥락의 학습과 적용

AI가 만드는 세계관과 배경의 핵심은 문화와 사회적 맥락을 얼마나 잘 이해하고 적용하는가에 있다. 최신 AI 모델들은 방대한 양의 텍스트 데이터를 학습하며, 이를 통해 다양한 문화적, 사회적 요소들을 파악하고 새로운 맥락에서 재구성할 수 있게 되었다.

AI의 문화 학습 과정은 마치 인류학자가 새로운 문화를 연구하는 것과 비슷하다(Alabdulkarim et al., 2021). 먼저 다양한 문화권의 문학 작품, 사료, 뉴스 기사 등을 수집한다. 그리고 이 텍스트들에서 반복되는 문화적 요소, 사회적 규범, 가치관 등을 파악한다. 더 나아가 특정 문화적 요소가 사용되는 상황과 그 의미를 학습하고, 이를 바탕으로 새로운 상황에 적용할 수 있는 규칙을 도출한다.

이런 과정을 통해 AI는 다양한 문화적 요소들을 학습하고, 이를 바탕으로 풍부하고 다채로운 세계관을 구축할 수 있게 되었다(Alabdulkarim et al., 2021). 예를 들어, 특정 문화권의 신화와 전설을 학습한 AI는 이를 현대적 맥락에서 재해석한 판타지 세계를 만들어 낼 수 있다. 북유럽 신화의 요소들을 현대 도시 배경과 결합해 새로운 형태의 어반 판타지(Urban Fantasy)를 창조하는 식이다.

하지만 AI의 문화 학습과 적용에는 몇 가지 걸림돌이 있다(Bron, 2023). 가장 큰 문제는 바로 편향성이다. 즉, 학습 데이터에 내재된 문화적 편견이 AI가 만드는 세계관에 그대로 반영될 수 있다. 또한 AI는 때로 복잡한 문화적 뉘앙스나 역사적 맥락을 완전히 이해하지 못하는 한계를 보이기도 한다. 기존 데이터에 지나치게 의존해 완전히 새로운 문화적 요소를 창조하는 데도 제한이 있을 수 있다.

이런 과제들을 극복하기 위해 AI 연구자들은 다양한 방법을 시도하고 있다(Bron, 2023). 다양한 문화권의 데이터를 균형 있게 학습시키거나, 문화 전문가들의 세부 검토를 거치는 등의 방법을 통해 AI의 문화적 이해도를 높이고 있다. 이러한 노력들은 AI가 만드는 세계관과 배경이 더욱 풍부하고 다양해질 수 있는 가능성을 열어 주고 있다.

가상세계 구축 기술과 AI의 상상력

AI의 가상세계 구축 능력은 철학적, 공학적 측면에서 다양한 논의를 불러일으키고 있다. 이는 단순한 기술적 진보를 넘어 우리가 현실과 가상을 바라보는 관점 자체를 변화시키고 있다.

철학적 관점에서 볼 때, AI가 만드는 가상세계는 여러 가지 흥미로운 질문을 제기한다. 일례로, AI가 만든 세계는 어떤 존재론적 지위를 가지는가? 이는 실제 세계와 어떤 관계를 맺는가? AI의 세계 인식과 인간의 세계 인식은 어떻게 다른가? AI가 만든 세계를 통해 우리는 현실 세계에 대한 새로운 통찰을 얻을 수 있는가? 이러한 가상세계의 윤리적 기준은 어떻게 설정되어야 하는가?

이런 질문들은 단순한 사변적 논의가 아니다. AI가 만든 가상세계가 현실 세계보다 더 이상적이고 매력적으로 느껴질 경우, 이는 현실 도피나 중독 문제를 야기할 수 있다(AIContentfy, 2023). 반면, AI의 상상력이 만들어 낸 대안적 세계관은 현실 세계의 문제를 새로운 시각에서 바라볼 수 있게 하는 긍정적 역할을 할 수도 있다.

한편 공학적 측면에서 AI의 가상세계 구축 기술은 크게 세 가지 요소로 구성된다. 먼저 단계적 생성 기술이 있다. 이는 알고리즘을 통해 지형, 건물, 식생 등을 자동으로 생성하는 기술이다. 둘째로 물리적 엔진이 있다. 이는 중력이나 가속도 등 현실적인 물리 법칙을 시뮬레이션해 세계에 적용할 수 있다. 마지막으로 AI 에이전트 기술이 있는데, 이는 가상세계 내의 캐릭터나 생물체의 행동을 자율적으로 제어한다(AIContentfy, 2023).

이러한 기술들의 발전으로 AI는 더욱 정교하고 현실적인 가상세계를 구축할 수 있게 되었다(KDI, 2024). 실제로 온라인 게임 업계에서는 유니티와 AI를 활용해 광활하고 상세한 세계관과 배경을 자동으로 생성하는 기술이 활발히 연구되고 있다. 이는 게임 개발 과정을 획기적으로 단축시키고, 더욱 풍부한 게임 경험을 제공할 수 있게 해 준다.

AI의 상상력은 이러한 기술적 발전을 바탕으로 더욱 확장되고 있다. AI는 학습한 데이터를 재조합하고 변형해 완전히 새로운 개념의 세계를 만들어 낼 수 있다. 디지털 트윈의 개념을 적용해 지구와 유사하지만 전혀 다른 물리 법칙이 적용되는 외계 행성을 상상하고 구현할 수 있다. 이는 그동안의 공상과학 소설 작가들의 상상력을 뛰어넘는 새로운 차원의 세계 창조를 가능케 한다.

그러나 AI의 상상력에도 물론 한계는 있다. AI는 결국 학습한 데이터를 기반으로 작동하기 때문에, 완전히 새로운 개념을 창조하는 데에는 제한이 있을 수 있다(KDI, 2024). 따라서 AI의 상상력을 극대화하기 위해서는 다양하고 풍부한 학습 데이터를 제공하는 것이 중요하다. 이는 앞으로 AI 개발자들과 창작자들이 함께 고민해야 할 과제다.

디지털 시대의 '천일야화'

AI가 만드는 세계관과 배경은 현실과 가상의 경계를 흐리게 만드는 '착시 효과'를 만들어 내고 있다. 이는 현대의 디지털 기술이 만들어 낸 새로운 형태의 '아라비안 나이트'라고 볼 수 있다.

AI 기술의 발전은 현실과 가상의 융합을 가속화하고 있다. 증강현실(AR) 기술은 AI가 생성한 가상 요소를 현실 세계에 겹쳐 보여준다. 가상현실(VR) 기술은 완전히 몰입할 수 있는 가상세계를 AI로 구축한다. 나아가 혼합현실(MR) 기술은 현실과 가상을 섬세하게 블렌딩해 새로운 경험을 창출한다(AIContentfy, 2023).

이러한 신규 기술들은 AI가 만든 세계관을 더욱 생생하게 경험할 수 있게 해 준다(Han & Cai, 2023). 이를테면 AI가 생성한 판타지 세계를 VR로 체험하면서 동시에 현실 세계의 물리적 움직임과 연동시킬 수 있다. 이는 마치 동화 속 세계로 직접 들어가 모험을 즐기는 것과 같은 경험을 제공한다. 이상한 나라의 앨리스와 오즈의 마법사, 해리포터가 실제 살아 움직이는 혁신적인 경험이 펼쳐지고 있다.

이런 착시 효과는 우리의 현실 인식에 큰 영향을 미친다(Han & Cai, 2023). 먼저 몰입감이 크게 증대될 것인

데, 현실과 구분하기 어려울 정도로 정교한 가상세계 경험이 가능해진다. 둘째, 정체성의 혼란, 즉 유동화가 일어날 것이다. 현실과 가상에서의 자아 개념이 뒤섞이는 현상이 발생할 수 있다. 나아가 현실 인식의 변화가 일어나서, 마치 영화 〈매트릭스〉처럼 가상경험이 현실 세계를 바라보는 시각에 큰 영향을 미칠 수 있다.

이는 게임, 콘텐츠, 엔터테인먼트 산업뿐만 아니라 교육, 의료, 국방, 제조 등 다양한 분야에서 활용되고 있다(Matthiopoulos, 2024). 유니티, 언리얼, 메타, 애플, 올림팩스, 텍톤스튜디오 등 기업에서 다양한 기술과 콘텐츠에 대해 투자해 오고 있다. 예컨대 AI가 만든 역사적 배경을 AR로 재현해 현장감 있는 역사 교육을 진행 중이다. 아울러 AI가 생성한 가상의 의료 시나리오를 통해 의료진들이 다양한 상황을 훈련할 수 있다. 비대면 진료, 원격 의료에 대한 수요가 높아지며 혼합현실을 활용한 대안은 점차 주목받고 있다.

AI가 만드는 세계관은 현대 버전의 '천일야화'로 볼 수 있다. 과거 '천일야화'가 상상력을 통해 현실을 초월한 이야기를 만들어 냈듯이, AI는 데이터와 알고리즘을 통해 현실을 뛰어넘는 세계를 구축한다. 이러한 AI의 능력은 스토리텔링의 새로운 패러다임을 제시한다. AI는 무한한 변주가 가능한 이야기 세계를 만들어 낼 수 있으며, 독자나 사용자의 반응에 따라 실시간으로 세계관을 변화시킬 수 있다. 이는 전통적인 선형적 내러티브를 넘어선 새로운 형태의 이야기 경험을 가능하게 한다.

그럼에도 불구하고 이러한 눈부신 발전은 동시에 새로운 도전 과제를 제시한다. 앞에서도 언급했듯이 AI가 만든 가상세계에 지나치게 몰입해 현실과의 괴리가 발생할 수 있다(KDI, 2024). "사이버 현실" 또는 "사이버 중독"으로 불리기도 하고, "VR 중독"이나 "디지털 의존증" 같은 용어로도 불리는 이러한 현상은 가상 환경에서의 경험이 현실 세계의 경험보다 더 매력적이거나 편안하게 느껴질 때 발생한다. 또한, AI가 만든 세계관이 현실 세계의 문제나 편견을 반영하거나 강화할 수 있다는 우려도 있다.

따라서 AI가 만드는 세계관을 책임 있게 활용하기 위해서는 몇 가지 노력이 필요하다. 가장 먼저, AI가 만드는 세계관의 개발과 사용에 대한 윤리적 기준을 수립해야 한다. 다음으로, 다양한 문화와 관점이 반영된 세계관을 만들 수 있도록 해야 한다. 또한, 가상 경험과 현실 세계 사이의 건강한 균형을 유지할 수 있는 방안을 모색해야 한다. 마지막으로, 사용자들이 AI가 만든 세계관을 비판적으로 이해하고 해석할 수 있는 능력을 키우는 교육도 필요하다(문원립, 2024).

AI 시대의 이야기: 창조성과 윤리의 균형

AI가 만드는 세계관과 배경은 우리의 현실 인식과 가상 경험을 근본적으로 변화시키고 있다. 문화와 사회적 맥락을 학습하고 적용하는 AI의 능력은 점점 더 정교해지고 있으며, 이는 풍부하고 다채로운 가상세계의 창조를 가능케 한다.

이러한 발전은 스토리텔링의 새로운 지평을 열고 있다. AI는 이제 단순히 주어진 규칙에 따라 이야기를 만드는 것이 아니라, 복잡한 문화적 맥락을 이해하고 이를 바탕으로 독창적인 세계관을 구축할 수 있게 되었다. 이는 작가들에게 새로운 영감의 원천이 되고 있으며, 독자들에게는 전에 없던 몰입감 높은 이야기 경험을 제공하고 있다.

미래의 스토리텔링은 AI와 인간의 협업을 통해 더욱 풍부하고 다양한 형태로 발전할 것이다. AI는 방대한 데이터를 바탕으로 새로운 세계관을 구축하고, 인간은 이를 바탕으로 더욱 깊이 있는 이야기를 만들어 낼 수 있을 것이다. 이 과정에서 우리는 기술의 발전과 인간적 가치의 조화, 창의성의 확장과 윤리적 책임 사이의 균형을 찾아야 할 것이다(문원립, 2024).

궁극적으로, AI가 만드는 세계관과 배경은 우리가 이야기를 만들고 소비하는 방식을 근본적으로 변화시킬 것이다. 이는 단순히 기술의 진보를 넘어, 인간의 상상력과 창의성의 새로운 지평을 열어 줄 것이다. 우리는 이 새로운 시대의 가능성을 탐구하고, 동시에 그것이 가져올 수 있는 도전에 대비해야 한다. AI와 인간의 창의적 공존을 통해, 우리는 지금까지 경험하지 못한 새로운 차원의 이야기와 세계를 만나게 될 것이다.

참고문헌

문원립(2024). 『AI로 영화 글쓰기』, 커뮤니케이션북스, 서울.

KDI(2024). AI와 미래 특집, KDI 경제정보센터 나라경제, 400, 24-38.

AIContentfy.(2023). The Future of Content Engagement with AI, e-Article. https://aicontentfy.com/en/blog/future-of-content-engagement-with-ai

Alabdulkarim, A., et al.(2021). Automatic Story Generation: Challenges and Attempts. *Association for Computational Linguistics, Proceedings of the 3rd Workshop on Narrative Understanding*, 72-83.

Bron, D.(2023). AI and the Future of Storytelling. Linkedin Post.

https://www.linkedin.com/pulse/ai-future-storytelling-how-machine-learning-narrative-daniel-bron

Han, A., & Cai, Z.(2023). Design Implications of Generative AI Systems for Visual Storytelling for Young Learners. In *Proceedings of the 22nd Annual ACM Interaction Design and Children Conference*, 470-474.

Matthiopoulos, B.(2024). AI in Literature: Is the Future Automated Storytelling?, Slash. https://slash.co/articles/ai-in-literature-is-the-future-automated-storytelling/

06
AI 기반 이야기 전개 모델링

AI 기반 이야기 모델은 스토리텔링의 새로운 가능성이다. 방대한 데이터 학습을 통해 다양한 플롯을 이해하고, 알고리즘으로 플롯과 캐릭터의 균형을 유지해 흥미로운 이야기를 만들 수 있다. 전통적인 규칙을 넘는 실험적 접근으로 새로운 내러티브 경험을 창출할 파괴적인 잠재력을 보여 준다.

AI와 야구?

AI가 만드는 다양한 아이디어

AI가 이야기를 만드는 방식은 인간 작가와는 사뭇 다르다. AI는 방대한 양의 문학 작품, 영화 시나리오, 뉴스 기사 등을 학습해 다양한 플롯 패턴을 인식하고 분석한다. 이를 바탕으로 AI는 새로운 이야기 구조와 아이디어를 생성할 수 있다.

AI의 이야기 생성 과정은 마치 퍼즐을 맞추는 것과 비슷하다. 먼저 학습한 데이터에서 다양한 이야기 요소들을 추출한다. 그리고 이 요소들을 새롭게 조합해 독특한 플롯을 만들어 낸다. 예를 들어 AI는 고전 문학의 구조와 현대 사회의 이슈를 결합해 전에 없던 새로운 장르의 이야기를 만들어 낼 수 있다(Kulp, 2024).

이러한 AI의 능력은 '플롯 생성 모델(Plot Generation Model)'이라는 기술을 통해 구현된다. 이 모델은 크게 세 단계로 작동한다. 먼저 학습 데이터에서 이야기의 기본 요소들(등장인물, 사건, 배경 등)을 추출한다. 다음으로 이 요소들 사이의 관계를 분석해 패턴을 파악한다. 마지막으로 이 패턴을 바탕으로 새로운 조합을 만들어 낸다. 이 과정에서 AI는 때로 인간 작가도 생각하지 못한 독특한 연결고리를 발견할 수 있다(Kybartas & Bidarra, 2017).

AI의 이러한 능력은 창작의 영역을 크게 확장시키고 있다. 인간 작가가 미처 생각하지 못한 독특한 플롯 전개나 예상치 못한 반전을 제시할 수 있기 때문이다. 요컨대, AI는 시간여행 소설의 구조와 환경 문제를 결합해 '미래의 환경 재앙을 막기 위해 과거로 돌아간 과학자의 이야기'와 같은 독특한 플롯을 제안할 수 있다.

더 나아가, AI는 다중 우주 이론과 같은 복잡한 과학 개념을 이야기에 접목할 수도 있다. 일례로, '주인공의 모든 선택이 평행우주를 만들어 내고, 이 우주들이 상호 작용하는 이야기'와 같은 복잡한 구조의 플롯을 생성할 수 있다. 이는 인간 작가가 다루기 어려울 수 있는 복잡성을 AI가 효과적으로 관리할 수 있음을 보여 준다.

그러나 AI의 이야기 생성 능력에는 물론 한계도 존재한다. 최근 연구에 따르면, AI가 생성한 창작물에서 일정 수준의 획일성이 관찰되었다(Pizzo et al., 2024). 이는 AI가 학습 데이터에 지나치게 의존해 진정으로 혁신적인 아이디어를 만들어 내는 데 어려움을 겪을 수 있음을 시사한다.

이러한 한계를 극복하기 위해 연구자들은 다양한 접근법을 시도하고 있다(Fu & Li, 2023). 일례로, 서로 다른 장르나 문화권의 데이터를 결합해 AI를 학습시키거나, 무작위성을 높인 알고리즘을 도입하는 등의 방법을 통해 AI의 창의성을 높이려는 노력이 이루어지고 있다.

또한, '제약 기반 창의성' 기법을 AI에 적용하는 시도도 있다(Pizzo et al., 2024). 이는 특정한 제약 조건에서 오히려 더 창의적인 결과물이 나올 수 있다는 이론에 기반한 것이다. 예를 들어, AI에게 '우주선, 고양이, 중세성'이라는 세 가지 요소를 반드시 포함하는 이야기를 만들라고 지시하면 어떻게 될까? 어려운 과제이지만, AI는 이 제약을 충족하기 위해 더욱 창의적인 아이디어를 생성할 수 있다.

플롯과 캐릭터 균형을 위한 사건 연결

좋은 이야기는 흥미진진한 플롯과 매력적인 캐릭터 사이의 균형에서 탄생한다. AI 기반 이야기 전개 모델링에서 이 균형을 맞추는 것은 중요한 과제로 볼 수 있다. 이를 위해 연구자들은 '사건 연결 알고리즘'이라는 개념을 도입했다(Chen & Bornstein, 2023).

사건 연결 알고리즘은 이야기의 주요 사건들을 캐릭터의 성장과 연결하는 방식으로 작동한다. 이 알고리즘은 각 사건이 캐릭터에게 미치는 영향을 계산하고, 이를 바탕으로 캐릭터의 행동과 결정을 예측한다. 그리고 이

예측을 바탕으로 다음 사건을 생성한다.

이 알고리즘의 핵심은 '캐릭터 상태 벡터(Vector)'와 '사건 영향 행렬(Matrix)'이라는 두 가지 요소다. 캐릭터 상태 벡터는 캐릭터의 현재 상태(성격, 능력, 감정 등)를 수치화한 것이다. 사건 영향 행렬은 각 사건이 캐릭터의 상태에 어떤 영향을 미치는지를 나타낸다. 알고리즘은 이 두 요소를 계산해 캐릭터의 변화를 추적하고, 이를 바탕으로 다음 사건을 선택해 나간다(Chen & Bornstein, 2023).

예를 들어 주인공이 위기에 처하는 사건이 발생했다고 가정해 보자. 알고리즘은 이 사건이 주인공의 성향, 능력, 관계 등에 어떤 영향을 미칠지 계산한다. 그리고 이를 바탕으로 주인공이 어떤 행동을 취할지, 그 행동이 어떤 결과를 낳을지를 예측한다. 이런 과정을 통해 AI는 플롯의 전개와 캐릭터의 발전을 유기적으로 연결할 수 있다.

이러한 접근법은 사실 인공지능 계획(AI Planning) 기술을 스토리텔링에 적용한 것이다(George, 2015). 이 기술은 주어진 목표를 달성하기 위한 최적의 행동 순서를 계산하는 데 사용된다. 스토리텔링에 적용될 경우, '흥미로운 이야기 만들기'라는 목표를 달성하기 위한 최적의 사건 순서를 계산하는 데 활용된다.

사건 연결 알고리즘의 또 다른 장점은 다양한 분기점을 만들어 낼 수 있다는 점이다. 알고리즘은 각 사건에서 캐릭터가 취할 수 있는 여러 가지 선택지를 생성하고, 각 선택에 따른 결과를 시뮬레이션한다. 이를 통해 하나의 시작점에서 다양한 결말로 이어지는 복잡한 이야기 구조를 만들어 낼 수 있다.

이러한 기술은 특히 인터랙티브 스토리텔링 분야에서 큰 잠재력을 보이고 있다. 예컨대, 게임에서 플레이어의 선택에 따라 이야기가 다양하게 전개되는 '이야기 갈래(브랜칭 내러티브, Branching Narrative)' 구조를 구현하는 데 활용될 수 있다. AI는 플레이어의 각 선택이 캐릭터와 전체 이야기에 미치는 영향을 실시간으로 계산하고, 이를 바탕으로 다음 사건을 생성할 수 있다(Kybartas & Bidarra, 2017).

하지만 이러한 접근법이 완벽한 것은 아니다. AI가 만든 이야기가 때로는 너무 정형화되거나 예측 가능해질 수 있기 때문이다. 이를 극복하기 위해 연구자와 개발자들은 무작위성이나 창의적 제약을 알고리즘에 도입하는 등 다양한 시도를 하고 있다(노규성, 2024).

아울러 캐릭터의 내적 동기나 복잡한 감정을 모델링

하는 것도 여전히 어려운 미제로 남아 있다. 인간의 심리는 때로 비합리적이고 예측 불가능하기 때문이다. 이를 위해 일부 연구자들은 심리학 이론을 AI 모델에 접목하는 시도를 하고 있다. 카를 융의 원형 이론이나 매슬로의 욕구 위계 이론을 AI의 캐릭터 모델링에 적용하는 연구가 진행되고 있다(Pizzo et al., 2024).

균형과 불협화음: AI의 실험적 접근

AI 스토리텔링의 가장 흥미로운 측면 중 하나는 그것이 가진 실험적 가능성이다. AI는 기존 스토리텔링 규칙을 학습하는 것에서 그치지 않고, 이를 의도적으로 깨트리는 시도를 할 수 있다. 이는 새로운 형태의 내러티브 경험을 만들어 낼 가능성을 제시한다.

AI의 실험적 스토리텔링 기법은 다양한 형태로 나타난다. 시간의 흐름을 파괴하거나 역행하는 비선형적 구조를 만들어 낼 수 있다. 또는 같은 사건을 다양한 캐릭터의 시점에서 동시에 보여 주는 다중 시점 기법을 시도할 수 있다. 심지어 이야기가 자신의 창작 과정을 언급하는 자기참조적 구조를 만들어 내기도 한다.

이러한 실험적 접근의 한 예로 '메타 내러티브 생성(Meta Narrative Generation)' 기술을 들 수 있다. 이는

AI가 이야기를 만드는 과정 자체를 또 다른 이야기의 소재로 활용하는 기법이다. 예를 들어, AI가 만든 이야기 속에서 AI 작가가 등장해 자신이 이야기를 만드는 과정에 대해 성찰하는 내용을 담을 수 있다. 이는 현대 문학의 메타픽션 기법을 AI 영역으로 확장한 것으로 볼 수 있다(Kulp, 2024).

이러한 실험적 접근은 상호반응적인 이야기 구조, 즉 인터랙티브 스토리텔링(Interactive Storytelling) 분야에서 특히 활발히 이루어지고 있다(Pizzo et al., 2024). AI는 독자나 플레이어의 선택에 따라 실시간으로 이야기를 변형할 수 있다. 이는 전통적인 선형적 내러티브를 넘어선 새로운 형태의 이야기 경험을 가능하게 한다.

이해하기 쉬운 예시를 들자면, AI는 독자의 선택에 따라 주인공의 성격이 변화하는 이야기를 만들 수 있다. 또는 독자의 감정 상태를 분석해 그에 맞는 플롯 전개를 제시할 수도 있다. 이는 각 독자에게 완전히 개인화된 이야기 경험을 제공할 수 있는 가능성을 열어 준다.

더 나아가, AI는 독자의 현실 세계 정보를 이야기에 반영할 수도 있다. 북유럽의 도서관, 호주의 따사로운 해변, 비오는 날 아시아의 어느 카페 등 독자의 위치 정보나 날씨 데이터를 활용해 이야기의 배경을 실시간으로 변경할 수 있다. 이는 이야기와 현실 세계의 경계를 흐리게 만들어 더욱 몰입도 높은 경험을 제공할 수 있다(노규성, 2024).

그러나 이러한 실험적 접근이 성공적인 결과를 가져오는 것은 아니다. 때로는 독자들에게 혼란을 주거나 이야기의 일관성을 해칠 수 있다. 따라서 AI의 실험적 시도와 전통적인 내러티브 구조 사이의 균형을 찾는 것이 중요한 과제로 남아 있다.

또다시 이를 위해 연구자들은 '적응형 내러티브(Adaptive Narrative)' 개념을 도입하고 있다(Fu & Li, 2023). 앞에서도 계속 단초가 제시된 바처럼, 이는 AI가 독자의 반응을 실시간으로 분석해 실험적 요소의 정도를 조절하는 방식이다. 만약 독자가 혼란스러워하는 징후를 보이면 AI는 더 전통적인 내러티브 구조로 돌아갈 수 있다.

게다가 한 걸음 더 깊이 들어가면, '내러티브 인텔리전스(Narrative Intelligence)'라는 개념도 주목받고 있다. 이는 AI가 이야기의 구조와 의미를 이해하고, 이를 바탕으로 더 정교한 내러티브를 구성할 수 있게 하는 기술이다. 이를 통해 AI는 단순히 규칙을 따르는 것이 아니라, 이야기의 본질적인 요소를 이해하고 이를 창의적으로 활용할 수 있게 된다(Pizzo et al., 2024).

AI의 실험적 접근은 스토리텔링의 새로운 가능성을 열어 주고 있다. 이는 단순히 기존 이야기 형식의 자동화가 아니라, 완전히 새로운 형태의 내러티브 경험을 창조할 수 있는 잠재력을 가지고 있다. 앞으로 AI 기술이 더욱 발전함에 따라 우리가 이야기를 만들고 소비하는 방식은 더욱 혁신적으로 변화할 것이다.

혁신적 내러티브의 완성, AI와의 균형점

AI 기반 이야기 전개 모델링은 스토리텔링의 새로운 지평을 열고 있다. AI는 방대한 데이터를 학습해 다양한 플롯 패턴을 이해하고, 이를 바탕으로 혁신적인 아이디어를 생성할 수 있다. 또한 정교한 알고리즘을 통해 플롯과 캐릭터 간의 균형을 유지하면서도 흥미로운 이야기를 구성할 수 있게 되었다.

더 나아가 AI는 전통적인 스토리텔링의 규칙을 깨는 실험적 접근을 통해 새로운 형태의 내러티브 경험을 창출할 수 있는 잠재력을 보여 준다. 이는 문학, 영화, 게임 등 다양한 매체에서 창작의 방식을 변화시키고 있다.

그러나 이러한 AI의 능력이 인간 작가의 창의성을 대체하는 것이 아니라 보완하고 확장하는 방향으로 나아가야 한다는 점을 명심해야 한다. AI는 새로운 아이디어의 원천이 될 수 있지만, 궁극적으로 이야기에 깊이 있는 의미와 감동을 부여하는 것은 인간의 통찰력과 경험이다(노규성, 2024).

앞으로 AI 기반 이야기 전개 모델링 기술은 더욱 발전할 것이며, 이는 창작의 개념과 과정을 계속해서 재정의할 것이다. 중요한 것은 이러한 기술을 어떻게 활용해 더욱 풍부하고 의미있는 이야기를 만들어 낼 수 있을지, 그리고 AI와 인간 작가가 어떻게 상호 보완적인 관계를 구축할 수 있을지에 대한 지속적인 탐구다.

AI 스토리텔링의 미래는 기술적 혁신과 인간의 창의성이 조화롭게 융합되는 방향으로 나아갈 것이다. 이는 단순히 효율성을 높이는 차원을 넘어, 우리가 이야기를 통해 세상을 이해하고 소통하는 방식 자체를 변화시킬 수 있는 잠재력을 가지고 있다. 앞으로 우리는 AI와 함께 더욱 다양하고 풍부한 이야기의 세계를 만들어 갈 수 있을 것이다.

참고문헌

노규성(2024). 『생성형 AI 프롬프트 디자인의 이해』, 커뮤니케이션북스, 서울.

Chen, J. & Bornstein. A.(2023). The Causal Structure and Computational Value of Narratives, *Trends in Cognitive*

Sciences, 28(8), 769–781.

Fu, Z., & Li, J.(2023). Design Futurescaping: Interweaving Storytelling and AI Generation Art in World-Building. In: Rau, PL.P.(eds), *Cross-Cultural Design. HCII 2023. Lecture Notes in Computer Science*, vol 14023. Springer, Cham, 194–207.

George, R.(2015). Narrative Generation in Entertainment: Using Artificial Intelligence Planning. *Fields: journal of Huddersfield student research*. 1(1), 1–20. 10.5920/fields.2015.118.

Kulp, P.(2024). Study finds AI leads to more sameness in creative writing, Tech Brew Article, https://www.emergingtechbrew.com/stories/2024/07/16/science-advances-study-ai-sameness-creative-writing

Kybartas, B., & Bidarra, R.(2017). A survey on story generation techniques for authoring computational narratives. *IEEE Transactions on Computational Intelligence and AI in Games*, 9(3), 239–253.

Pizzo, A. et al.(2023). *Interactive Storytelling: A Cross-Media Approach to Writing, Producing and Editing with AI*, Routledge, New York, 1–194.

07
AI와 캐릭터의 감정 및 관계 설정

다차원적 감정 모델과 포괄적인 감정 사전의 구축은 AI가 더욱 미묘하고 풍부한 감정 표현을 할 수 있게 해 주었다. AI와 캐릭터의 감정 및 관계 설정 기술은 스토리텔링의 새로운 차원을 열어 주고 있다. 이는 우리가 인간의 감정과 관계를 이해하는 방식에도 영향을 미칠 수 있는 혁명적인 변화다.

AI와 윤동주?

다차원적 감정 모델과 감정 사전 구축

영화 〈인사이드 아웃 2〉에 등장한 새로운 감정들에 놀라기도 하고, 감동적인 눈물을 흘렸는가? 정말 잘 만든 영화이면서 감정과 성장에 대한 많은 생각거리를 전해주는 작품이었다. 오랜 기간에 걸친 조사와 기획, 제작이 만들어 낸 결과물이라서 더욱 의미가 있다. 그렇다면 AI에게도 이러한 감정을 코딩해 느끼도록 할 수 있을까?

안타깝게도 아직까지 AI가 캐릭터의 감정을 실감나게 표현하는 것은 쉽지 않다. 인간의 감정은 복잡하고 미묘해서 단순한 알고리즘으로는 제대로 표현하기 어렵기 때문이다. 하지만 AI 연구자들은 이 난제를 해결하기 위해 '다차원적 감정 모델'이라는 혁신적인 접근법을 개발했다(Bartneck et al., 2017).

이 모델은 감정을 여러 요소로 분해해 분석한다. 예를 들어 '기쁨'이라는 감정은 '즐거움의 정도', '흥분의 정도', '만족감의 정도' 등 여러 차원으로 나눠 표현할 수 있다. 이렇게 하면 단순히 '기쁘다' 또는 '슬프다'라고 표현하는 것보다 훨씬 더 섬세하고 복잡한 감정 상태를 표현할 수 있다.

이 모델을 활용하면 AI는 캐릭터의 감정을 마치 색깔을 혼합하듯 다양하게 조합할 수 있다. 일례로, '설렘'이라는 감정을 표현하고 싶다면 '기대'와 '불안'이라는 두 가지 감정을 적절히 섞어 만들어 낼 수 있다. 이런 방식으로 AI는 인간의 복잡한 감정 상태를 더욱 생생하게 묘사할 수 있게 된다.

다차원적 감정 모델과 함께 중요한 역할을 하는 것이 바로 '감정 사전'이다(Zhao et al., 2022). 감정 사전은 다양한 감정 상태와 그에 해당하는 표현, 행동, 생리적 반응 등을 포괄적으로 정리한 데이터베이스다. AI는 이 감정 사전을 참조해 특정 상황에서 캐릭터가 어떤 감정을 느끼고, 그 감정을 어떻게 표현할지 결정한다.

감정 사전 구축은 방대한 양의 문학 작품, 심리학 연구 자료, 실제 사람들의 대화 기록 등을 분석해 이뤄진다. 예로, '분노'라는 감정에 대해 감정 사전은 다음과 같은 정보를 포함할 수 있다.

– 감정의 강도: 1~10 척도 중 8점
– 신체적 반응: 심박수 증가, 근육 긴장 등
– 표정: 눈썹 찌푸림, 입술 꽉 다물기 등
– 행동: 목소리 높이기, 주먹 쥐기 등
– 관련 어휘: '화나다', '격분하다', '울화 치밀다' 등

AI는 이런 정보를 바탕으로 캐릭터의 감정 상태를 더욱 생생하고 현실감 있게 표현할 수 있다(Li et al., 2019). 그렇지만 이런 접근법에도 한계는 있다. 감정은 문화와 개인에 따라 크게 다를 수 있기 때문이다. 어떤 문화에서는 분노를 직접적으로 표현하는 것이 용인되지만, 다른 문화에서는 그렇지 않을 수 있다. 따라서 AI가 진정으로 보편적이고 공감할 수 있는 감정 표현을 만들어 내기 위해서는 문화적 다양성을 고려한 더욱 정교한 모델이 필요하다.

캐릭터 간 관계 그래프 분석과 시뮬레이션

이야기 속 캐릭터들의 관계는 플롯 전개에 중요한 역할을 한다. AI는 이런 캐릭터 간 관계를 어떻게 이해하고 표현할까? 그 해답은 '관계 그래프'에 있다(유혜연 외, 2021). 관계 그래프는 캐릭터들 사이의 관계를 마치 지도처럼 시각화한 것이다. 이 그래프에서 각 캐릭터는 하나의 점으로 표현되고, 캐릭터 간의 관계는 이 점들을 잇는 선으로 나타난다. 이 선의 종류와 굵기로 관계의 성격과 강도를 표현할 수 있다.

대표적인 예로, 로미오와 줄리엣의 관계는 굵은 빨간색 선으로 표현될 수 있다. 이는 그들의 관계가 강렬한 사랑임을 나타낸다. 반면 로미오와 티볼트의 관계는 가는 검은색 선으로 표현될 수 있는데, 이는 그들이 적대 관계임을 의미한다.

AI는 이런 관계 그래프를 이용해 캐릭터 간 관계의 변화를 시뮬레이션할 수 있다. 특정 사건이 발생했을 때 각 캐릭터 간의 관계가 어떻게 변할지 예측할 수 있다. 만약 로미오가 티볼트를 죽이는 사건이 발생한다면, 로미오와 줄리엣 사이의 빨간 선은 더 가늘어지거나 색이 변할 수 있다. 이는 그들의 관계가 악화되었음을 나타낸다.

이런 방식으로 AI는 복잡한 인간관계의 역학을 모의 실험 할 수 있다. 그리고 이를 바탕으로 더욱 현실감 있고 흥미진진한 플롯을 만들어 낼 수 있다. 즉, AI는 관계 그래프를 분석해 가장 극적인 갈등이 일어날 수 있는 지점을 찾아내고, 그 지점을 중심으로 이야기를 전개해 나갈 수 있다.

이렇게 매력적으로 보이는 접근법에도 물론 아쉬운 점은 있다. 인간관계는 때로 논리적으로 설명하기 어려운 복잡성을 가지고 있기 때문이다. 사람들은 때로 자신에게 해를 끼친 사람을 용서하거나, 이유 없이 누군가를 미워하기도 한다. 이런 비논리적인 측면을 AI가 얼마나 잘 표현할 수 있을지는 아직 미지수다(유혜연 외, 2021).

AI 기반 캐릭터 상호작용의 동적 구현

이야기 속 캐릭터들이 서로 어떻게 상호작용하는지는 이야기의 생동감을 좌우하는 중요한 요소다. 과연 AI는 이런 캐릭터 간 상호작용을 어떻게 구현할 수 있을까?

AI는 앞서 설명한 다차원적 감정 모델과 관계 그래프를 바탕으로 캐릭터 간 상호작용을 동적으로 구현한다(Zhao et al., 2022). 일반적으로 이 과정은 크게 세 단계로 이루어진다. 첫째, AI는 각 캐릭터의 현재 감정 상태와 관계를 파악한다. 둘째, 주어진 상황에서 각 캐릭터가 어떤 행동을 취할지를 예측한다. 셋째, 그 행동이 다른 캐릭터들에게 어떤 영향을 미칠지 계산한다.

다시 한 번 예를 들어 보자. 로미오와 줄리엣, 그리고 줄리엣의 아버지가 등장하는 장면을 AI가 만들고 있다고 가정해 보자. AI는 먼저 각 캐릭터의 감정 상태(로미오: 사랑에 빠짐, 줄리엣: 불안함, 아버지: 의심스러움)와 관계(로미오-줄리엣: 연인, 로미오-아버지: 적대적, 줄리엣-아버지: 부녀)를 파악한다.

그다음, AI는 이 상황에서 각 캐릭터가 어떤 행동을 취할지 예측한다. 로미오는 줄리엣에게 사랑을 고백하려 할 수 있고, 줄리엣은 이를 받아들이면서도 아버지의 눈치를 볼 수 있다. 아버지는 로미오를 의심스럽게 바라볼 수 있다.

마지막으로, AI는 이런 행동들이 서로에게 어떤 영향을 미칠지 계산한다. 로미오의 고백은 줄리엣의 불안감을 줄이고 사랑의 감정을 높일 수 있다. 하지만 동시에 아버지의 의심과 분노를 증가시킬 수 있다. 이런 식으로 AI는 캐릭터 간의 복잡한 상호작용을 동적으로 구현해낸다(Matthiopoulos, 2024).

이런 접근법의 장점은 캐릭터들의 행동이 그들의 감정 상태와 관계에 따라 자연스럽게 변화한다는 점이다. 이는 이야기에 더 큰 생동감과 현실감을 부여한다. 또한 이런 방식으로 AI는 작가가 미처 생각하지 못한 흥미로운 상호작용 패턴을 발견할 수도 있다.

물론 위에서도 계속 주지한 바와 같이, 인간의 생각과 행동은 때로 예측 불가능하고 비합리적일 수 있기 때문에 한계는 있다. 사람들은 때로 자신의 감정이나 관계와는 모순되는 행동을 하기도 한다. 이런 인간 특유의 복잡성과 비예측성을 AI가 얼마나 잘 표현할 수 있을지는 아직 의문이다.

AI가 여는 새로운 서사

AI를 활용한 캐릭터의 감정 및 관계 설정은 스토리텔링의 새로운 지평을 열고 있다. 다차원적 감정 모델과 포괄적인 감정 사전의 구축은 AI가 더욱 미묘하고 현실적인 감정을 표현할 수 있게 해 주었다. 또한 관계 그래프 분석과 시뮬레이션 기법을 통해 AI는 복잡한 캐릭터 간 관계를 동적으로 모델링할 수 있게 되었다(KDI, 2024).

이러한 기술의 발전은 AI가 생성하는 이야기의 깊이와 몰입도를 크게 향상시키고 있다. AI는 이제 단순히 정해진 시나리오를 따르는 것이 아니라, 캐릭터들의 감정과 관계를 실시간으로 발전시켜 나가며 더욱 생동감 있는 내러티브를 만들어 낼 수 있게 되었다.

그러나 이러한 발전에도 불구하고 여전히 해결해야 할 과제들이 남아 있다. AI가 생성한 감정과 관계가 얼마나 '진정성' 있게 느껴지는지, 그리고 인간의 복잡한 심리를 완전히 이해하고 표현할 수 있을지에 대한 의문이 제기된다. 또한, AI가 만들어 낸 캐릭터 관계가 윤리적으로 문제가 없는지, 그리고 다양한 문화와 가치관을 적절히 반영할 수 있는지도 중요한 고려 사항이다(김현진 외, 2024).

앞으로 AI 기술이 더욱 발전함에 따라 캐릭터의 감정과 관계 설정 능력도 계속해서 향상될 것이다. 중요한 것은 이러한 기술을 어떻게 활용해 더욱 풍부하고 의미 있는 이야기를 만들어 낼 수 있을지, 그리고 AI와 인간 작가의 창의성을 어떻게 조화롭게 결합할 수 있을지에 대한 지속적인 탐구다(유세문 · 정석현, 2024).

AI 스토리텔링의 미래는 기술적 혁신과 인간의 창의성이 조화롭게 융합되는 방향으로 나아갈 것이다. AI는 복잡한 감정 모델과 관계 시뮬레이션을 통해 더욱 생생한 캐릭터를 만들어 낼 수 있지만, 그 캐릭터에 진정한 영혼을 불어넣는 것은 여전히 인간 작가의 몫일 것이다.

결국 AI는 캐릭터의 감정 변화를 정교하게 계산하고 표현할 수 있지만, 그 감정으로 독자에게 깊은 공감을 일으키려면 인간의 통찰력과 경험이 필요하다. AI가 만든 캐릭터 관계 그래프를 바탕으로 인간 작가는 더욱 복잡하고 흥미진진한 인간 드라마를 만들어 낼 수 있을 것이다.

나아가 이러한 발전이 윤리적 문제를 야기할 수 있다는 점도 고려해야 한다. 예를 들어 AI가 만든 캐릭터가 특정 집단에 대한 고정관념을 강화하거나, 부적절한 관계를 미화할 수 있는 위험이 있다. 따라서 AI 스토리텔링 기술을 개발하고 사용할 때는 항상 윤리적 가이드라인을 준수하고, 다양성과 포용성을 고려해야 할 것이다. 앞으로 AI와 인간 작가의 협력을 통해, 우리는 더욱 풍부하고 감동적인 이야기의 세계를 만나게 될 것이다.

참고문헌

김현진 외(2024). "시각예술 창작과 인공지능 협업의 상호작용에 관한 실증연구". ≪문화기술의 융합≫, 10(1), 517-524.

유세문 · 정석현. (2024). 『AI와 영상 제작』, 커뮤니케이션북스, 서울.

유혜연 외(2021). "텍스트 스토리에서 등장인물간 감정 흐름 그래프를 이용한 행위소 모델 기반의 등장인물 역할 인식". ≪인터넷정보학회논문지≫, 22(1), 51-63.

KDI(2024). AI와 미래 특집, KDI 경제정보센터 나라경제, 400, 24-38.

Bartneck, C., et al.(2017). The Relationship Between Emotion Models and Artificial Intelligence, *Proceedings of the SAB2008 Workshop on The Role of Emotion in Adaptive Behavior and Cognitive Robotics*, Osaka, 1-12.

Li, Y., et al.(2019). AI-Enabled Emotion Communication, *IEEE Network*, 33(6), 15-21.

Matthiopoulos, B.(2024). AI in Literature: Is the Future Automated Storytelling?, Slash. https://slash.co/articles/ai-in-literature-is-the-future-automated-storytelling/

Zhao, G., et al.(2022). From Emotion AI to Cognitive AI, *International Journal of Network Dynamics and Intelligence*, 1(1), 65-72.

08
AI 창작 지원 및 편집 도구

AI 창작 도구의 발전은 스토리텔링을 혁신적으로 변화시키고, 작가의 창의성을 강화하며 전혀 새로운 경험을 창출한다. 또한 AI는 아이디어를 제공하고 실시간 피드백으로 작가의 작업을 도울 수 있다. 이는 작가의 중요성을 더욱 부각시키며, AI와의 협업을 통해 새로운 차원의 이야기를 만들어 내는 역할로 진화할 것이다.

AI와 한의학?

AI 기반 아이디어 생성과 시나리오 편집

작가의 머릿속에서 번뜩이는 아이디어의 순간, 그것은 마법과도 같다. 하지만 그 마법 같은 순간을 기다리는 것이 때로는 고통스러울 수 있다. 바로 이 지점에서 AI가 작가의 든든한 조력자로 등장할 수 있다.

바야흐로 AI 기반 아이디어 생성 도구가 작가의 창의력에 날개를 달아 주는 시대가 되었다. 이 도구들은 방대한 데이터베이스를 바탕으로 새로운 아이디어를 제안하고, 기존 이야기를 발전시키는 데 도움을 준다(Bron, 2023). 마치 브레인스토밍 세션에 참여한 반짝반짝 동료와 대화를 나누는 것과 같은 경험을 제공한다.

만약에 한 작가가 "우주"와 "로맨스"라는 키워드를 입력하면, AI는 다음과 같은 아이디어를 제안할 수 있다:

> 지구에서 마지막 우주선이 출발하는 날, 서로 다른 행성 출신의 두 남녀가 만나 사랑에 빠진다. 하지만 그들은 각자 다른 우주선을 타야 하는 상황에 처한다. …

이런 형태로 AI는 작가에게 새로운 영감의 원천이 될 수 있다. 물론 이 아이디어를 어떻게 발전시키고 살을 붙일지는 여전히 작가의 몫이다. AI는 단지 창의적인 불꽃을 지피는 역할을 할 뿐이다.

AI의 힘은 시나리오 편집 단계에서 더욱 빛을 발한다. AI 기반 편집 도구는 작가가 쓴 초고를 분석해 구조적 문제점을 지적하고, 캐릭터의 일관성을 체크하며, 플롯의 허점을 찾아낸다. 이는 마치 꼼꼼한 편집자가 24시간 작가의 곁에서 조언해 주는 것과 같다. AI 스토리 편집 도구는 다음과 같은 피드백을 제공할 수 있다.

> 3장에서 주인공의 성격이 1장에서 묘사된 것과 일치하지 않습니다. 1장에서는 내성적인 성격으로 그려졌는데, 3장에서는 갑자기 대담한 행동을 하고 있습니다.

실제로 이런 피드백은 작가가 놓치기 쉬운 부분을 잡아내는 데 큰 도움이 된다. 물론 이런 지적을 받아들일지, 아니면 의도적인 캐릭터 발전으로 설명할지는 작가의 판단에 달려 있다.

AI의 이런 능력은 앞 장에서도 다룬 바 있는 고도로 '설계된 창의성'이라는 개념에 기반을 두고 있다. 이는 데이터와 알고리즘을 통해 새롭고 가치 있는 아이디어를 생성해 내는 AI의 능력을 말한다. AI는 인간의 창의성을 모방하는 것이 아니라, 그것과는 다른 방식으로 창의성을 발휘한다. 예를 들어 AI는 인간이 생각하기 어려운 요소들의 조합을 제안함으로써 전혀 새로운 아이디어를 만들어 낼 수 있기도 하다(Fu & Li, 2023).

그렇지만 AI의 이런 능력이 과연 인간 작가의 창의성을 대체할 수 있을까? 전문가들은 그렇지 않다고 말한다. AI는 여전히 인간의 경험과 감성, 그리고 직관을 완전히 이해하고 표현하기 어렵기 때문이다. 따라서 AI는 인간 작가의 창의성을 보완하고 확장하는 도구로 봐야 한다. 마치 망원경이 인간의 시력을 확장하듯, AI는 작가의 창의력을 확장하는 하나의 도구로 활용할 수 있다.

실시간 협업과 피드백 시스템

글쓰기는 흔히 고독한 작업으로 여겨진다. 하지만 AI의 등장으로 이런 인식이 바뀌고 있다. AI 기반의 실시간 협업 도구들이 작가들에게 새로운 형태의 '대화'를 제공하고 있기 때문이다.

이런 도구들은 마치 항상 깨어 있는(Always-on) 협력자처럼 작동한다. 작가가 글을 쓰는 동안 실시간으로 피드백을 제공하고, 대안적인 표현을 제안하며, 때로는 다음 문장까지 예측해 제시한다. 이는 작가의 생각을 더욱 풍부하게 만들고, 글쓰기의 흐름을 끊지 않으면서도 지속적인 개선을 가능하게 한다(이한진, 2024).

일례로, 작가가 "그녀의 눈은 별처럼 빛났다"라고 썼다면 AI는 다음과 같은 제안을 할 수 있다.

> 조금 더 독특한 표현을 원하신다면, '그녀의 눈은 한밤의 호수에 비친 달빛처럼 은은히 빛났다'는 어떨까요?

이런 제안은 작가에게 새로운 영감을 줄 수 있다. 물론 이 제안을 받아들일지, 아니면 자신만의 표현을 고수할지는 전적으로 작가의 선택이다. 일반 글쓰기뿐만 아니라 소설, 희곡, 가사, 웹툰의 대사까지, 무궁무진한 영역에서 활용될 수 있다.

즉, AI의 실시간 협업 기능은 여러 작가가 함께 작업할 때 더욱 빛을 발한다. AI는 개별 작가의 스타일을 학습해, 전체적인 톤과 스타일의 일관성을 유지하면서도 각 작가의 강점을 살리는 방향으로 조언을 제공할 수 있다. 이는 공동 창작의 효율성과 품질을 크게 높일 수 있다(권승태, 2024).

또한 AI는 독자들의 반응을 실시간으로 분석해 작가에게 피드백을 제공할 수 있다. 가령 온라인 연재 소설의 경우, AI는 각 회차에 대한 독자들의 반응을 실시간으로 분석해 다음과 같은 인사이트를 제공할 수 있다.

> 이번 회차에서 부캐릭터 H의 활약이 독자들의 호응을 많이 얻었습니다. 앞으로 이 캐릭터의 비중을 조금 더 늘리도록 고려하시면 어떨까요?

이런 피드백은 작가가 독자들의 취향과 기대를 더 잘 이해하고, 이에 맞춰 이야기를 발전시켜 나가는 데 도움을 줄 수 있다.

하지만 이러한 실시간 협업과 피드백 시스템이 항상 긍정적인 것만은 아니다. 지나친 의존은 작가의 고유한 목소리를 잃게 할 수 있고, 독자의 즉각적인 반응에만 초점을 맞추다 보면 장기적인 서사 구조를 해칠 수 있다. 따라서 이런 도구들을 어떻게 균형 있게 활용할지는 작가의 지혜가 필요한 부분이다(이한진 외, 2024).

'천일야화'를 넘어서는 무한 이야기 생성력

'천일야화'의 셰에라자드(Scheherazade)는 1001일의 밤 동안 끊임없이 새로운 이야기를 들려주어 왕(술탄)의 관심을 붙잡았다. 현대의 AI는 이 셰에라자드를 뛰어넘는 이야기꾼이 되어 가고 있다. AI는 끊임없이, 그리고 무한히 새로운 이야기를 만들어 낼 수 있기 때문이다.

AI의 이야기 생성 능력은 크게 세 가지 측면에서 인간을 뛰어넘는다. 첫째, 양적인 면에서 AI는 쉬지 않고 24시간 새로운 이야기를 만들어 낼 수 있다. 둘째, 다양성 측면에서 AI는 인간이 상상하기 어려운 조합과 설정으로 이야기를 만들어 낼 수 있다. 셋째, 개인화 측면에서 AI는 각 독자의 취향과 상황에 맞춘 이야기를 실시간으로 생성할 수 있다. 가능한 예를 들어 본다면, 생성형 AI는 다음과 같은 이야기를 순식간에 만들어 낼 수 있다.

> 22세기, 화성 개척 시대. 지구인과 화성 원주민의 사랑을 다룬 로맨스 소설. 주인공은 산소 호흡이 불가능한 화성인으로, 사랑하는 지구인과 키스를 하기 위해 목숨을 건 모험을 떠난다. …

이런 방식으로 AI는 무한히 다양한 설정과 줄거리의 이야기를 만들어 낼 수 있다. 더 나아가 AI는 독자의 반응에 따라 이야기를 실시간으로 변형할 수도 있다. 실례로, 독자가 특정 캐릭터를 좋아한다는 것을 감지하면 그 캐릭터의 비중을 늘리거나, 독자가 지루해하는 것 같으면 갑자기 극적인 반전을 일으킬 수 있다(이한진 외, 2024).

이런 AI의 능력은 '절차적 내러티브(Procedure Narrative) 생성'이라는 기술에 기반을 두고 있다. 이는 미리 정의된 규칙과 요소들을 바탕으로 알고리즘적으로 이야기를 생성해 내는 기술이다. 이 기술을 통해 AI는 무한히 다양한 이야기를 만들어 낼 수 있다(Balint & Bidarra, 2023).

그렇다면, 자연스럽게 우리는 도전적인 질문에 봉착하게 된다. 과연 AI의 이런 능력이 인간 작가를 대체할 수 있을까? 일단 전문가들은 아직까지는 그렇지 않을 것이라고 입을 모은다(Stanford, 2024; 권승태, 2024). AI가 만들어 내는 이야기들이 양적으로는 풍부할지 모르지만, 질적인 면에서 깊은 통찰과 감동을 주는 서사를 만들어 내기는 아직 어렵기 때문이다.

오히려 AI의 이런 능력은 인간 작가에게 새로운 가능성을 열어 주고 있다. 작가들은 AI가 생성한 수많은 이야기에서 영감을 얻고, 이를 바탕으로 더 깊이 있고 의미 있는 이야기를 만들어 낼 수 있다. 또한 AI의 능력을 활용해 독자와 실시간으로 상호작용하는 새로운 형태의 인터랙티브 소설을 만들어 낼 수도 있다.

결국 AI는 현대의 셰에라자드로서 끊임없이 새로운 이야기를 만들어 내는 원천이 될 수 있다. 그럼에도 불구하고 그 이야기들에 진정한 생명력을 불어넣는 것은 여전히 인간 작가의 몫일 것이다. AI와 인간 작가의 시너지를 통해 우리는 지금까지 경험하지 못한 새로운 차원의 스토리텔링을 경험하게 될지도 모른다.

AI와 상호작용하는 이야기 경험

AI 창작 지원 및 편집 도구의 발전은 스토리텔링의 미래를 획기적으로 바꾸고 있다. 이는 단순히 작가의 일을 대신하는 것이 아니라, 작가의 창의성을 증폭시키고 새로운 형태의 이야기 경험을 가능하게 하고 있다.

AI는 작가에게 무한한 아이디어의 원천을 제공하고, 실시간으로 피드백을 주며, 끊임없이 새로운 이야기를 생성할 수 있다. 이는 작가들이 더 효율적으로, 더 창의적으로 작업할 수 있게 해 준다. 또한 독자들에게는 더욱 개인화되고 상호작용적인 읽기 경험을 제공할 수 있다. 이를 AI와 상호작용하는 이야기 경험, 영어로 Interactive Story eXperience with AI(ISXAI)라고 부르고 싶다.

그렇지만 이런 AI 기술의 발전이 인간 작가의 역할을 축소시키는 것은 아니다. 오히려 작가의 역할은 더욱 중요해지고 있다. AI가 제공하는 수많은 가능성 중에서 진정으로 의미 있고 감동적인 이야기를 선별하고 발전시키는 것은 여전히 인간 작가의 몫이기 때문이다.

앞으로 AI와 인간 작가의 협업은 더욱 긴밀해질 것이다. AI는 작가의 창의성을 자극하고 보조하는 도구로, 작가는 AI의 능력을 최대한 활용해 새로운 차원의 이야기를 만들어 내는 큐레이터이자 안내자로 진화할 것이다.

이러한 변화는 우리가 이야기를 만들고 소비하는 방식 자체를 근본적으로 바꿀 수 있다. 앞으로 우리는 AI와 인간의 창의성이 완벽하게 조화를 이루는 새로운 형태의 스토리텔링을 경험하게 될 것이다. 그것은 '천일야화'를 뛰어넘는, 정말로 끝없는 이야기의 세계가 될 것이다.

한편 이런 발전이 가져올 수 있는 윤리적, 사회적 영향에 대해서도 잘 살펴보아야 한다. AI가 만들어 내는 콘텐츠의 저작권 문제, AI 생성 콘텐츠의 진실성과 신뢰성 문제, 유해하거나 편향된 콘텐츠의 확산 문제 등 여러 과제들이 있다.

나아가 AI에 대한 과도한 의존이 인간의 창의성을 퇴화시킬 수 있다는 우려도 있다. AI의 제안에만 의존하다 보면 작가 고유의 목소리를 잃을 수 있기 때문이다. 따라서 AI 도구를 활용하면서도 인간 고유의 창의성과 직관을 유지하는 균형이 중요할 것이다.

AI 창작 지원 및 편집 도구의 발전은 스토리텔링의 새로운 시대를 열고 있다. 강력한 새로운 도구들을 어떻게 활용하고 어떤 새로운 이야기를 만들어 낼 것인가는 우리의 선택에 달려 있다. AI와 함께 우리는 지금까지 상상하지 못했던 새로운 이야기의 세계로 나아갈 수 있을 것이다.

참고문헌

권승태(2024). 『시각예술과 인공지능』, 커뮤니케이션북스, 서울.

이한진(2024). "AI와 문화예술을 둘러싼 이해관계자들의 관점 비교연구". ≪융복합지식학회논문지≫, 12(2), 85-96.

이한진 외(2024). "AI 기술의 영상제작 분야 영향력 확대에 관한 전망과 쟁점", ≪한국인터넷방송통신학회논문지≫, 24(4).

Balint, J. T., & Bidarra, R.(2023). Procedural Generation of Narrative Worlds, *IEEE Transactions on Games*, 15(2), 262-272.

Bron, D.(2023). AI and the Future of Storytelling. Linkedin Post. https://www.linkedin.com/pulse/ai-future-storytelling-how-machine-learning-narrative-daniel-bron

Standford(2024). The AI Index Report: Measuring trends in AI, Stanford Institute for Human-Centered Artificial Intelligence, 1-502.

09
사용자 참여형 AI 스토리텔링

바야흐로 우리는 지금 이야기의 새로운 시대로 진입하고 있다. 이 시대에 우리는 더 이상 이야기의 수동적인 소비자가 아니라, 능동 참여자이자 공동 창작자가 될 것이다. AI와 함께 지금까지 상상하지 못했던 새로운 이야기의 세계로 나아갈 수 있을 것이다. 과연 이야기란 무엇인가? 우리에게 철학적 질문을 던진다.

AI와 화장품?

챗봇 기반 대화형 내러티브

상상해 보자, 당신이 책 속 주인공과 직접 대화를 나누며 이야기를 만들어 가는 모습을. 이제 이런 상상이 현실이 되고 있다. 챗봇 기반 대화형 내러티브 기술 덕분이다. 최신 자연어 처리 기술을 활용한 AI 챗봇은 독자와 실시간으로 대화하며 이야기를 전개해 나간다(Fang et al., 2023). 이는 마치 즉흥 연극을 하는 것과 같다. 독자가 대사를 입력하면 AI는 그에 맞는 반응을 생성하고, 이런 상호작용을 통해 이야기가 만들어진다.

예를 들어 보자. 판타지 세계관의 대화형 소설에서 당신이 주인공이 되어 모험을 떠났다고 하자. AI가 이렇게 말을 건넨다.

> 당신 앞에 두 갈래 길이 나타났습니다. 오른쪽 길은 어두운 숲으로 이어지고, 왼쪽 길은 험준한 산길입니다. 어느 쪽으로 가시겠습니까?

당신은 "오른쪽 숲길로 가겠습니다"라고 대답할 수 있다. 그러면 AI는 즉시 다음과 같은 반응을 생성할 것이다.

당신은 조심스럽게 숲으로 발을 내딛습니다. 나뭇가지들이 달빛을 가려 주변이 어둡습니다. 갑자기 멀리서 이상한 울음소리가 들립니다. 어떻게 하시겠습니까?

이런 형태로 자연스럽게 대화가 계속되면서 이야기가 전개될 수 있다. 이 과정에서 AI는 독자의 선택에 따라 이야기의 방향을 실시간으로 조정한다. 만약 독자가 용감한 선택을 주로 한다면 AI는 더 모험적인 전개로 이야기를 이끌어 갈 수 있다. 반대로 독자가 신중한 선택을 주로 한다면 AI는 더 전략적이고 심사숙고하는 전개로 이야기를 만들어 갈 것이다.

이런 대화형 내러티브의 핵심은 AI의 문맥 이해 능력이다. 최신 자연어 처리 기술은 단순히 키워드를 인식하는 수준을 넘어 대화의 전체적인 흐름과 맥락을 이해할 수 있다. 가령 독자가 이전 대화에서 언급한 캐릭터나 사건을 AI가 기억하고 이후 대화에 반영할 수 있다(배기형 · 배찬, 2024).

물론 아쉽게도 이러한 기술에도 엄연히 한계는 있다. AI가 만들어 내는 반응이 때로는 예측 불가능하거나 이야기의 전체적인 흐름과 맞지 않을 수 있을 것이다. 또한 너무 자주 예측 가능한 반응을 생성해 이야기가 단조로

워질 수 있다는 우려도 있다. 이를 해결하기 위해 연구자들은 AI에 창의성과 일관성을 동시에 부여하는 방법을 연구 중이다.

한편 대화형 내러티브 기술은 문학의 영역을 넘어 교육, 심리 치료, 엔터테인먼트 등 다양한 분야에 활용될 수 있다(Mckinsey, 2024). 예컨대 외국어 학습용 대화형 소설은 학습자가 실제 상황에서 언어를 사용하는 것처럼 느끼게 해 학습 효과를 높일 수 있다. 심리 치료에서는 환자가 가상의 시나리오를 통해 자신의 감정을 탐색하는 데 도움을 줄 수 있을 것이다. 실제로 이러한 서비스들이 이미 시범적으로 출시되어 이용되고 있다.

게임화된 이벤트형 스토리텔링

독자 여러분은 '게임화(Gamification)'라는 말을 들어 본 적 있는가? 이는 게임이 아닌 분야에 보상, 지위, 성취, 자기표현, 경쟁 등의 게임적인 요소를 적용하는 것을 말한다. 기승전결의 기본 구조를 가진 스토리텔링 영역에 이러한 요소가 다양하게 접목되면서 즐거운 변화가 일어나고 있다(UNESCO, 2024).

무엇보다도 게임화된 이벤트형 스토리텔링은 독자를 수동적인 관찰자에서 능동적인 참여자로 변화시킨다.

이 방식에서 독자는 단순히 이야기를 읽는 것이 아니라, 이야기 속에서 퀘스트를 수행하고, 점수를 얻으며, 다른 독자들과 경쟁하거나 협력한다.

당신이 미스터리 소설을 읽고 있다고 가정해 보자. 전통적인 방식이라면 단순히 페이지를 넘기며 이야기를 따라갈 것이다. 하지만 게임화된 버전에서는 어떨까?

당신은 소설 속 탐정이 되어 직접 증거를 수집하고 용의자를 심문한다. 각 장을 읽을 때마다 숨겨진 단서를 찾아야 하고, 찾은 단서의 수에 따라 일종의 '탐정 점수'가 올라간다. 다른 독자들과 실시간으로 순위를 겨루며, 가장 먼저 사건을 해결한 사람에게는 작가와의 독점 인터뷰 기회 같은 특별한 보상이 주어진다.

이런 방식은 독자의 몰입도를 크게 높인다. 독자는 단순한 관찰자가 아니라 이야기의 주인공이 되어 직접 사건을 해결해 나가는 것이다. 이는 마치 추리 소설과 방탈출 게임을 결합한 것과 같은 경험을 제공한다(이한진 외, 2024).

AI는 이런 게임화된 스토리텔링을 더욱 정교하고 개인화된 형태로 만들어 준다. AI는 각 독자의 선택과 행동을 분석해 그에 맞는 새로운 도전 과제를 실시간으로 생성할 수 있다. 일례로 특정 단서를 놓친 독자에게는 그

단서를 찾을 수 있는 새로운 기회를 제공하거나, 빠르게 진행하는 독자에게는 더 어려운 퍼즐을 제시할 수 있다.

나아가 생성형 AI는 독자들의 집단지성을 활용한 협력적 스토리텔링도 가능하게 한다. 예를 들어 전 세계 독자들이 함께 외계 문명과의 첫 접촉 시나리오를 만들어 가는 거대한 협력 프로젝트를 상상해 보자. AI는 각 독자의 아이디어를 종합하고 조율해 하나의 일관된 이야기로 만들어 낼 수 있다.

그러나 이런 접근법에도 주의해야 할 점이 있다. 게임적 요소가 지나치면 오히려 이야기의 깊이나 문학성을 해칠 수 있다. 또한 보상에만 집중하다 보면 이야기 자체의 의미나 감동을 놓칠 수 있다. 따라서 게임적 요소와 문학적 가치 사이의 균형을 잘 잡는 것이 중요하다. 이것이 관전 포인트가 될 것이다.

AR/VR과 AI의 결합: 몰입형 스토리 경험

상상해 보자, 당신이 좋아하는 소설 속 세계를 직접 걸어 다니며 탐험하는 모습을. 이제 이런 경험이 가능해지고 있다. 증강현실(AR)과 가상현실(VR) 기술이 AI와 결합하면서 완전히 새로운 형태의 몰입형 스토리텔링이 탄생하고 있는 것이다.

AR/VR 기술은 독자를 이야기 속으로 데려간다. 당신은 더 이상 소파에 앉아 책을 읽는 것이 아니라, 실제로 이야기 속 세계를 걸어다니며 경험한다. AI는 이 가상 세계를 더욱 생생하고 역동적으로 만들어 준다(Kulp, 2024).

이를테면 독자 여러분이 SF 소설 속 외계 행성을 탐험하고 있다고 하자. VR 고글을 통해 당신은 360도로 펼쳐진 놀라운 풍경을 감상할 수 있다. 이때 AI는 당신의 움직임과 시선을 실시간으로 분석해 그에 맞는 세부 요소들을 생성해 낸다. 당신이 어떤 식물에 가까이 다가가면, AI는 즉시 그 식물의 세부적인 모습과 특성을 만들어 낸다. 심지어 그 식물에서 나는 소리나 향기까지도 구현해 낼 수 있다(이한진 외, 2024).

AR 기술을 활용하면 현실 세계와 이야기 속 세계를 결합할 수도 있다. 만약 역사 소설을 읽으며 실제 역사적 장소를 방문한다면 AR 기기를 통해 현재의 모습 위에 과거의 모습이 겹쳐진 광경을 볼 수 있을 것이다. AI는 그 시대의 사람들, 공간, 사건, 물건 등을 실시간으로 생성해 보여 준다. 당신은 마치 타임머신을 타고 과거로 여행을 간 것 같은 경험을 할 수 있다.

AI는 이런 몰입형 경험을 더욱 개인화하고 상호작용

적으로 만든다. AI는 독자의 반응과 선택을 실시간으로 분석해 그에 맞게 이야기를 조정한다. 독자가 특정 캐릭터에 관심을 보이면 AI는 그 캐릭터에 맞는 서사를 더 자세히 보여 줄 수 있다. 또는 독자가 긴장감 있는 장면을 좋아한다는 것을 파악하면, 더 많은 긴장감 넘치는(서스펜스) 요소를 추가할 수 있다(Fang et al., 2023).

이런 기술은 단순히 재미를 위한 것만은 아니다. 교육, 치료, 훈련 등 다양한 분야에서 활용될 수 있다. 유네스코 세계유산 문화유산 탐방 수업에서 학생들은 실제로 역사적으로 중요한 공간과 사건들을 '경험'할 수 있다. 또는 외상 후 스트레스 장애(PTSD) 치료를 받는 환자는 안전한 가상 환경에서 트라우마를 극복하는 연습을 할 수 있다.

이러한 기술에도 주의해야 할 점은 많다. 너무 몰입도 높은 경험은 현실과 가상의 경계를 모호하게 만들 수 있다. 또한 개인의 행동과 선택에 대한 데이터가 수집되고 분석된다는 점에서 프라이버시 문제도 고려해야 할 것이다. 따라서 이런 기술을 개발하고 사용할 때는 항상 윤리적 측면을 고려하는 것은 물론 사회적 합의를 잘 이루어 나가야 한다(Mckinsey, 2024).

사용자 참여로 완성하는 AI 스토리텔링

바야흐로 사용자 참여형 AI 스토리텔링은 우리가 이야기를 만들고 경험하는 방식을 근본적으로 변화시키고 있다. 챗봇 기반 대화형 내러티브, 게임화된 이벤트형 스토리텔링, AR/VR과 AI의 결합 등은 독자를 수동적인 관찰자에서 능동적인 참여자로 변모시키고 있다(배기형 · 배찬, 2024).

이러한 기술들은 각각의 강점이 뚜렷하다. 챗봇 기반 대화형 내러티브는 독자와 이야기 사이의 상호작용을 극대화한다. 게임화된 이벤트형 스토리텔링은 독자의 몰입도와 참여도를 높인다. AR/VR과 AI의 결합은 완전히 새로운 차원의 몰입형 경험을 제공한다(UNESCO, 2024).

첨단 기술들이 결합되면 더욱 흥미로운 가능성이 열릴 것이다. 예를 들어 AR/VR 환경에서 AI 챗봇과 대화하며 게임화된 퀘스트를 수행하는 복합적인 스토리텔링 경험을 상상해 볼 수 있다. 이는 기존 선형적 내러티브를 완전히 뛰어넘는 새로운 형태의 이야기 경험을 선사할 것이다.

그러나 모든 혁신적인 기술들이 전통적인 스토리텔링을 완전히 대체할 것이라고 보기는 어렵다. 오히려 이는 기존 스토리텔링 방식을 보완하고 확장하는 역할을 할 것임이 분명하다. 독서, 책을 읽는 전통적인 경험이 주는 고유한 가치는 여전히 존재하며, 새로운 기술들은 이와 함께 공존하며 더 풍부한 이야기 경험의 스펙트럼을 만들어 낼 것이다.

게다가 이런 기술의 발전은 궁극적으로 작가의 역할에 대해 새로운 질문을 던진다. 독자가 이야기 창작에 직접 참여하는 상황에서 작가의 역할은 무엇일까? 아마도 작가는 이야기의 큰 틀과 규칙을 설계하는 '세계관 창조자'의 역할을 하게 될 것이다. 작가는 독자가 탐험하고 상호작용할 수 있는 이야기 세계의 기본 구조와 법칙을 만들어 내고, 그 안에서 독자들이 자신만의 이야기를 만들어 갈 수 있도록 안내하는 역할을 하게 될 것이다.

사용자 참여형 AI 스토리텔링의 발전은 우리에게 큰 기회와 도전을 동시에 제공한다. 이는 우리가 이야기를 통해 세상을 이해하고 경험하는 방식을 근본적으로 변화시킬 잠재력을 가지고 있다. 우리는 이제 단순히 이야기를 듣는 것이 아니라, 그 이야기 속에서 살아가고, 그 이야기를 직접 만들어가는 경험을 할 수 있게 되었다. 유튜브가 변화시켰고, 넷플릭스가 변화시킨 경험에서 한 발 더 나아간다.

모든 것에는 양면이 있듯이 이러한 변화가 가져올 수 있는 부작용에 대해서도 주의 깊게 살펴봐야 한다. 예를 들어 지나치게 개인화된 이야기 경험은 우리가 다양한 관점을 경험하고 공감하는 능력을 저하시킬 수 있다. 또한 현실과 가상의 경계가 모호해짐에 따라 발생할 수 있는 심리적, 사회적 문제들에 대해서도 깊이 고민해야 한다.

결국 사용자 참여형 AI 스토리텔링 기술을 어떻게 발전시키고 활용할 것인가는 우리의 선택에 달려 있다. 기술이 단순히 재미와 몰입을 위한 도구로 그치지 않고, 우리의 상상력을 확장하고 서로 다른 경험과 관점을 이해하는 데 도움을 주는 도구로 발전할 수 있기를 희망한다.

참고문헌

배기형 · 배찬(2024). 『AI 시대의 PD』, 커뮤니케이션북스, 서울.

이한진 외(2024). "AI 기술의 영상제작 분야 영향력 확대에 관한 전망과 쟁점", ≪한국인터넷방송통신학회논문지≫, 24(4).

Fang, X., et al.(2023). A systematic review of artificial intelligence technologies used for story writing. *Education and Information Technologies*, 1-37.

Kulp, P.(2024). Study finds AI leads to more sameness in creative writing, Tech Brew Article, https://www.emergingtechbrew.com/stories/2024/07/16/s

cience-advances-study-ai-sameness-creative-writing
Mckinsey(2024). The state of AI in early 2024: Gen AI adoption spikes and starts to generate value, *QuantumBlack Insights*, 1-23.
UNESCO(2024). Guidance for generative AI in education and research, the United Nations Educational, Scientific and Cultural Organization Report, 1-44.

10
AI 스토리텔링의 미래와 도전 과제

AI 스토리텔링의 미래는 기회와 도전이 공존하는 새로운 영역이다. 우리는 이제 AI와 함께 이야기를 만들고, 경험하고, 공유하는 시대로 접어들고 있다. 이는 단순히 기술의 변화를 넘어, 창작의 본질과 인간의 역할에 대한 근본적인 질문을 던진다. 과연 우리는 어디서 왔고, 어디에 살고, 어디를 향하는가. 오히려 지혜와 안목이 더욱 필요한 시대다.

종교와 AI?

AI 시대의 창작자 역할과 저작권

상상해 보자. 당신이 아침에 일어나 음악을 틀고 커피를 마시며 최신 베스트셀러 소설을 읽고 있다. 그런데 이 음악과 소설의 작가가 인간이 아닌 AI라면 어떨까? 이는 더 이상 영화의 한 장면이 아니다. AI 기술의 급속한 발전으로 이제 이런 시나리오가 현실이 되어 가고 있다(이한진 · 이예은, 2024).

AI가 창작 영역에 진출하면서 '창작자'의 개념이 근본적으로 변화하고 있다. 전통적으로 창작은 인간만의 고유한 영역으로 여겨져 왔다. 하지만 이제 AI도 소설을 쓰고, 그림을 그리고, 음악을 작곡할 수 있게 되었다. 이는 우리에게 '진정한 창작자란 누구인가?'라는 깊은 철학적 질문을 던진다.

AI의 창작 능력이 향상됨에 따라 인간 창작자의 역할도 변화하고 있다. 많은 전문가들은 AI가 인간 창작자를 대체하기보다는 보완하는 역할을 할 것이라고 예측한다. 예를 들어 작가는 AI를 이용해 초기 아이디어를 생성하거나, 캐릭터의 배경 설정을 만들거나, 플롯의 대략적인 구조를 잡을 수 있다. 그리고 이를 바탕으로 인간 작가가 자신만의 통찰력과 감성을 더해 작품을 완성하는 식이다.

이런 변화는 창작 과정을 더욱 효율적이고 다양하게 만들 수 있다. AI는 인간이 미처 생각하지 못한 독특한 아이디어나 조합을 제안할 수 있다. 또한 AI는 지치지 않고 끊임없이 새로운 아이디어를 생성할 수 있어, 인간 창작자의 창의력을 지속적으로 자극할 수 있다(Matthiopoulos, 2024).

하지만 이런 변화는 동시에 새로운 도전 과제를 제시한다. 그중 가장 큰 문제는 저작권이다. AI가 만든 작품의 저작권은 누구에게 있을까? AI를 개발한 회사? AI를 사용한 작가? 아니면 AI 자체? 이는 단순한 법적 문제를 넘어 창작의 본질과 가치에 대한 근본적인 질문을 던진다(김태균 외, 2024).

예를 들어 AI가 수많은 기성 작품을 학습해 새로운 작품을 만들어 냈다면, 이는 표절일까 아니면 창작일까? AI가 만든 작품이 상업적 성공을 거뒀을 때, 그 수익은 어떻게 분배되어야 할까? 이런 질문들에 대한 명확한 답은 아직 없다. 법과 제도가 기술의 발전 속도를 따라가지 못하고 있는 것이다.

또 다른 중요한 문제는 창작의 가치와 의미다. 전통적으로 우리는 예술 작품에서 인간의 감정, 경험, 통찰을 찾아 왔다. 하지만 AI가 만든 작품에서 우리는 무엇을 찾을 수 있을까? AI의 작품도 인간의 작품만큼 감동과 영감을 줄 수 있을까?

이런 질문들에 대한 답은 아직 명확하지 않다. 하지만 한 가지 확실한 것은 AI의 등장으로 창작의 개념과 과정이 근본적으로 변화하고 있다는 점이다. 우리는 이제 AI와 함께 창작하는 새로운 시대로 접어들고 있다. 이 시대에 성공적으로 적응하기 위해서는 AI를 단순한 도구가 아닌 창의적 파트너로 인식하고, 이를 효과적으로 활용하는 방법을 배워야 할 것이다.

윤리적 고려 사항과 사회적 영향

AI 스토리텔링의 발전은 우리에게 큰 기회를 제공하지만, 동시에 심각한 윤리적 문제와 사회적 영향을 야기할 수 있다. 이는 단순히 기술적인 문제를 넘어, 우리 사회의 가치관과 규범에 대한 근본적인 질문을 던진다.

첫째, AI가 만들어 내는 콘텐츠의 진실성과 책임성 문제다. AI는 인간의 지시나 입력된 데이터를 바탕으로 콘텐츠를 생성한다. 만약 AI에 편향된 데이터가 입력된다면, AI는 그 편향을 그대로 반영한 콘텐츠를 만들어 낼 수 있다. 예를 들어 특정 인종이나 성별에 대한 고정관념을 강화하는 이야기를 만들어 낼 수 있는 것이다

(Anthology, 2024).

이는 단순한 가능성이 아니다. 실제로 몇몇 AI 챗봇들이 인종차별적이거나 성차별적인 발언을 해 문제가 된 사례가 있다. 이런 문제를 방지하기 위해서는 AI에 입력되는 데이터의 다양성과 공정성을 확보하는 것이 중요하다. 또한 AI가 생성한 콘텐츠를 감시하고 필터링하는 시스템도 필요할 것이다.

다음으로 AI 스토리텔링이 인간의 창의성과 상상력에 미치는 영향이다. AI가 쉽고 빠르게 이야기를 만들어 낼 수 있게 되면, 인간이 직접 이야기를 만들어 내려는 노력을 게을리하게 될 수 있다. 이는 장기적으로 인간의 창의성과 상상력을 퇴화시킬 수 있다는 우려가 있다(김태균 외, 2024).

일례로, 학생들이 에세이를 쓸 때 AI에 전적으로 의존한다면 어떨까? 이는 학생들의 글쓰기 능력과 비판적 사고력 발달에 부정적인 영향을 미칠 수 있다. 따라서 AI를 어떻게 교육에 활용할 것인지, 어떻게 AI와 함께 창의성을 키울 것인지에 대한 진지한 고민이 필요하다(Williams et al., 2023).

셋째, AI 스토리텔링이 우리의 현실 인식에 미치는 영향이다. AI가 만들어 내는 가상세계가 점점 더 현실과 구분하기 어려워진다면, 이는 우리의 현실 감각을 흐릴 수 있다. 특히 AR/VR 기술과 결합된 AI 스토리텔링은 이런 문제를 더욱 심화시킬 수 있다(이한진 · 이예은, 2024).

만약 AI가 만든 가짜 뉴스나 딥페이크 영상이 무분별하게 퍼진다면 어떨까? 이는 사회적 혼란을 야기하고 민주주의의 근간을 흔들 수 있다. 따라서 AI 기술의 발전과 함께 디지털 리터러시 교육과 미디어 윤리 교육이 더욱 중요해질 것이다.

넷째, AI 스토리텔링이 문화적 다양성에 미치는 영향이다. AI가 전 세계의 데이터를 학습해 이야기를 만들어낸다면, 이는 문화적 획일화를 초래할 수 있다. 반면에 AI를 활용해 소수 언어나 소멸 위기에 처한 문화의 이야기를 보존하고 전파할 수도 있다(Google Cloud, 2024).

가령 AI를 활용해 거의 사라져가는 토착 언어로 된 이야기를 생성하고 보급한다면, 이는 문화 다양성 보존에 큰 도움이 될 수 있다. 하지만 동시에 AI가 만들어 낸 '가짜' 전통이 진짜 전통을 대체할 위험도 있다.

이러한 윤리적 문제들을 해결하기 위해서는 기술 개발자, 정책 입안자, 교육자, 그리고 사용자 모두의 노력이 필요하다. AI 기술 자체에 윤리적 고려 사항을 포함시키는 '윤리적 AI' 개발, AI 사용에 대한 명확한 가이드라인 수립, AI 리터러시 교육 강화 등이 필요할 것이다 (Anthology, 2024).

결국 AI 스토리텔링의 미래는 우리가 어떻게 이 기술을 발전시키고 활용하느냐에 달려 있다. 우리는 AI의 힘을 이용해 더 풍부하고 다양한 이야기를 만들어 낼 수 있다. 하지만 동시에 그 과정에서 인간의 가치와 존엄성, 그리고 창의성을 잃지 않도록 주의해야 한다. AI 스토리텔링의 발전이 우리 사회에 긍정적인 변화를 가져올 수 있도록, 우리는 지금부터 진지하게 고민하고 준비해야 할 것이다.

창의성과 독창성의 재정의

AI의 등장으로 '창의성'과 '독창성'의 개념이 새롭게 정의되고 있다. 과연 AI는 진정으로 창의적일 수 있을까? AI가 만든 작품을 독창적이라고 할 수 있을까? 이런 질문들은 예술과 창작의 본질에 대해 우리에게 깊은 성찰을 요구한다.

전통적으로 창의성은 인간만의 고유한 능력으로 여겨져 왔다. 하지만 AI가 예상치 못한 조합과 패턴을 만들어 내고 새로운 아이디어를 제시하는 모습을 보면, 이제 창의성의 정의를 다시 생각해 봐야 할 때가 온 것 같다.

AI의 창의성은 인간의 그것과는 다르다. AI는 방대한 데이터를 분석하고 패턴을 찾아내어 새로운 조합을 만들어 낸다. 이는 마치 인간이 경험과 지식을 바탕으로 새로운 아이디어를 떠올리는 과정과 비슷하면서도 다르다. AI는 인간이 평생 접할 수 없을 만큼 많은 정보를 처리할 수 있고, 인간의 편견이나 고정관념에 얽매이지 않은 채 자유롭게 조합을 만들어 낼 수 있다(Google Cloud, 2024).

예컨대 AI는 서로 관련 없어 보이는 개념들을 연결해 전혀 새로운 장르의 이야기를 만들어 낼 수 있다. 양자역학과 로맨스를 결합한 소설이라든지, 중세 기사도와 우주 탐사를 섞은 SF 소설 같은 것들 말이다. 이런 독특한 조합은 인간 작가들에게 새로운 영감을 줄 수 있다.

하지만 AI의 창의성에는 한계도 있다. AI는 기존 데이터를 바탕으로 새로운 조합을 만들어 내는 것은 잘하지만, 완전히 새로운 개념을 창조해 내는 것은 아직 어려워한다. 또한 AI는 인간의 감정이나 경험을 직접 체험하지 못하기 때문에, 깊은 감정적 공명을 일으키는 이야기를 만들어 내는 데에는 한계가 있다.

이런 상황에서 AI와 인간 작가의 공생 관계가 중요해진다. AI는 인간 작가에게 새로운 아이디어와 가능성을 제시하고, 인간 작가는 그것에 감정과 의미를 불어넣는 것이다. 예를 들어 AI가 독특한 세계관과 캐릭터 설정을 제안하면, 인간 작가가 그것을 바탕으로 감동적인 스토리를 만들어 낼 수 있다.

이러한 협업 과정에서 '독창성'의 개념도 변화하고 있다. 과연 AI의 도움을 받아 만든 작품을 온전히 인간 작가의 독창적인 작품이라고 할 수 있을까? 아니면 AI와 인간의 공동 창작물로 봐야 할까? 이는 저작권법과 창작 윤리의 새로운 과제가 되고 있다(이한진 · 이예은, 2024).

어쩌면 미래에는 'AI의 도움을 얼마나 받았는지'를 명시하는 것이 관행이 될지 모른다. 마치 지금 영화 크레딧에 수많은 스태프의 이름이 올라가는 것처럼, AI 시스템의 이름과 기여도가 명시될 수 있다. 이는 창작의 투명성을 높이고 AI와 인간의 협업을 인정하는 방식이 될 수 있다.

결국 AI 시대의 창의성과 독창성은 '인간 vs AI'의 대결 구도가 아닌, '인간 + AI'의 시너지 효과로 이해해야 할 것이다. AI는 인간의 창의성을 대체하는 것이 아니라, 확장하고 증폭시키는 도구가 될 것이다. 인간 작가들은 AI를 두려워하거나 거부하기보다는, 이를 새로운 창작의 동반자로 받아들이고 효과적으로 활용하는 법을 배워야 할 것이다.

인간-AI 협업의 새로운 패러다임

AI 시대에 '진짜 작가'란 누구일까? 이 질문은 단순해 보이지만, 실제로는 매우 복잡하고 철학적인 문제를 내포하고 있다. AI가 점점 더 정교한 이야기를 만들어 내는 상황에서, 우리는 '작가'의 정의와 역할을 새롭게 생각해 봐야 한다.

전통적으로 작가는 이야기를 직접 구상하고 글로 옮기는 사람을 의미했다. 하지만 AI 시대에는 이 정의가 더 이상 유효하지 않을 수 있다. AI가 이야기의 뼈대를 만들고 심지어 전체 초고를 작성할 수 있게 된 지금, 작가의 역할은 어떻게 변화할까?

한 가지 가능성은 작가가 '큐레이터'나 '편집자'의 역할을 하게 되는 것이다. 즉, AI가 생성한 다양한 아이디어와 초고 중에서 가장 좋은 것을 선별하고, 이를 다듬고 발전시키는 역할을 하는 것이다. 이 경우 작가의 핵심 역량은 '글쓰기' 자체보다는 '좋은 이야기를 알아보는 안목'과 '이야기를 다듬는 능력'이 될 것이다.

또 다른 가능성은 작가가 'AI 조련사' 또는 'AI 감독'이 되는 것이다. 이는 AI에게 적절한 지시를 내리고, AI의 출력을 효과적으로 활용하는 능력이 중요해진다는 의미다. 예컨대 작가는 AI에게 "1920년대 시카고를 배경으로 한 누아르 소설의 첫 장을 써 줘. 주인공은 여성 탐정이야"와 같은 상세한 지시를 내릴 수 있다. 그리고 AI가 만들어 낸 결과물을 바탕으로 이야기를 발전시켜 나가는 것이다.

이런 변화는 '작가'라는 직업의 진입 장벽을 낮출 수 있다. AI의 도움으로 기본적인 이야기 구조와 문장을 만들어 낼 수 있기 때문에, 글쓰기에 서툰 사람들도 자신의 아이디어를 이야기로 표현하기 쉬워질 것이다. 이는 더 다양한 목소리와 관점이 문학 세계에 등장할 수 있게 해준다.

하지만 동시에 이는 '작가성(Authorship)'에 대한 새로운 질문을 제기한다. AI의 도움을 크게 받아 만든 작품의 진정한 작가는 누구인가? 인간 작가? AI? 아니면 둘 다? 이는 단순한 저작권의 문제를 넘어, 창작의 본질과 가치에 대한 근본적인 질문을 던진다.

어쩌면 미래에는 '작가'라는 개념 자체가 흐려질지도 모른다. 대신 '이야기 디자이너', '내러티브 아키텍트(Narrative Architect)', 'AI-인간 협업 창작자' 같은 새로운 직함이 등장할 수 있다. 이들은 AI와 긴밀히 협력해 이야기의 큰 그림을 그리고, 세부 사항을 채워 나가는 역할을 할 것이다.

중요한 것은, 이런 변화 속에서도 인간만이 줄 수 있는 가치가 여전히 존재한다는 점이다. 인간의 경험, 감정, 통찰, 창의성은 AI가 쉽게 모방하기 어려운 요소들이다. 따라서 'AI 시대의 진짜 작가'는 이런 인간 고유의 가치를 AI의 능력과 효과적으로 결합할 수 있는 사람이 될 것이다.

결국 AI 시대의 작가는 기술과 인간성, 효율성과 창의성, 논리와 감성 사이의 균형을 잡는 능력이 중요해질 것이다. 그들은 AI를 단순한 도구가 아닌 창의적 파트너로 인식하고, 이를 통해 더욱 풍부하고 다채로운 이야기를 만들어 낼 수 있을 것이다.

참고문헌

김태균 외(2024). 『생성 AI와 데이터, 돈, 사람』, 커뮤니케이션북스, 서울.

이한진 · 이예은. (2024). "참여평가 프로세스를 통한 오디오 생성형 AI 사용패턴 분석의 탐색적 연구", ≪한국컴퓨터정보학회논문지≫, 29(4), 47–54.

Anthology(2024). Enhancing Higher Education With Generative AI: A Responsible Approach, *MIT Sloan Management Review(SMR) Connections*, 1–11.

Google Cloud.(2024). Data and AI Trends Report, 1-44.
Matthiopoulos, B.(2024). AI in Literature: Is the Future Automated Storytelling?, Slash. https://slash.co/articles/ai-in-literature-is-the-future-automated-storytelling/
Williams, R., et al.(2023). AI+Ethics Curricula for Middle School Youth: Lessons Learned from Three Project-Based Curricula, *International Journal of Artificial Intelligence in Education*, 33, 325 – 383.

이한진

한동대학교 창의융합교육원의 미네르바 교육과정 및 AI문화예술 모듈 담당 전임교수다. ICT창업학부 겸임교수로 AI 기반 제품기획 및 개발(Dcamp, MYSC 연계), 기업가정신 사례를 강의하고 있다. 고려대학교에서 소비자행동론 관점 고객경험(CX) 학위논문을 주제로 디지털경영학 박사학위를 받았다. 연세대학교에서 사회학과 신문방송학(온라인 커뮤니케이션 세부전공)으로 학사와 석사과정을 졸업했다. 한국사회적기업진흥원, 중소기업유통센터 자문위원, 서울청년시민위원, 아름다운커피 공정무역 시민대사로도 활동했다. 현재는 교육부와 한국연구재단이 함께하는 빅데이터혁신공유대학 운영위원, 사이버커뮤니케이션학회 연구이사로 활동하고 있다. "시각예술 창작과 인공지능 협업의 상호작용에 관한 실증연구"(2024), "메타버스 플랫폼 사용성 평가체계 구축에 관한 델파이연구"(2022) 등 30편 이상의 논문을 SCI(E), SCOPUS, KCI 등재학술지에 게재했다.